Paleo 2023

Alimentación ancestral para una vida saludable

Santiago López

Índice

Solomillos a la plancha con tubérculos rallados 8
Asados asiáticos con ternera y verduras 10
Filetes de madera de cedro con salsa asiática y ensalada de col 13
Filetes tritip fritos con peperonata de coliflor 18
Filetes a la parrilla au poivre con salsa de champiñones y dijon 20
filetes 20
Aderezo 20
Filetes a la parrilla con ensalada de salsa y cebollas caramelizadas 23
filetes 23
vendaje 23
cebollas caramelizadas 24
Costillas a la parrilla con cebolla de hierbas y "mantequilla" de ajo 26
Ensalada de chuletón con remolacha a la parrilla 28
Costillas estilo coreano con repollo salteado con jengibre 30
Costillar de ternera con gremolato de cítricos e hinojo 33
Costillas 33
Calabaza horneada 33
gremolata 34
Empanadas de carne al estilo sueco con ensalada de pepino y mostaza 36
Ensalada de pepino 36
empanadillas de carne 36
Hamburguesas de ternera a la parrilla sobre rúcula con tubérculos asados 40
Hamburguesas de ternera a la plancha con tomates en costra de sésamo 43
Hamburguesas en un palo con salsa Baba Ghanoush 46
Pimiento dulce relleno ahumado 49
Hamburguesas de bisonte con cebolla cabernet y rúcula 52
Pan de bisonte y cordero sobre acelgas y boniatos 55
Albóndigas de bisonte asado con manzana y grosellas con pappardelle de calabacín
.... 58
albóndigas 58
Salsa de manzana y grosellas 58
Pappardelle de calabacín 59

Boloñesa de bisonte porcini con espaguetis con ajo asado 61

chili con carne de bisonte 64

Filetes de bisonte con especias marroquíes con limones a la parrilla 66

Filete de bisonte rallado con hierbas provenzales 68

Costillas de bisonte guisadas en café con gremolata de mandarina y puré de raíz de apio 70

Escabeche 70

guiso 70

caldo de hueso de res 73

Paletilla de cerdo especiada tunecina con papas fritas picantes 76

Cerdo 76

Papas fritas 76

Paletilla De Cerdo A La Parrilla Cubana 79

Asado picante de cerdo italiano con verduras 82

Solomillo de cerdo en olla de cocción lenta 84

Estofado de cerdo y calabaza con comino 87

Top solomillo relleno de frutas con salsa de brandy 89

carne asada 89

salsa de brandy 90

Cerdo asado al estilo porchetta 92

Chuleta de cerdo estofada con tomatillo 95

Chuleta de cerdo rellena de albaricoques 98

Bistec de cerdo en costra de hierbas con aceite de ajo crujiente 100

Cerdo especiado indio con salsa de coco 102

Escalopini de cerdo con manzanas y castañas picantes 103

Fajitas De Cerdo Fritas 106

Filete de cerdo con oporto y ciruelas pasas 108

Tazas de cerdo estilo Moo Shu sobre ensalada verde con vegetales en escabeche rápido 110

vegetales en escabeche 110

Cerdo 110

Chuletas de cerdo con nueces de macadamia, salvia, higos y puré de boniato 112

Chuletas de cerdo al horno con romero y lavanda, con uvas y nueces tostadas 114

Chuletas de Cerdo a la Fiorentina con Rabe de Brócoli Asado 116

Chuletas De Cerdo Rellenas De Escarola 119

Costillas ahumadas con mopa de manzana y mostaza 122
Costillas 122
Aderezo 122
Costillas de cerdo a la plancha con ensalada de piña fresca 125
estofado de cerdo picante 127
Estofado húngaro 127
Repollo 127
Albóndigas de butifarra italiana Marinra con hinojo picado y cebollas salteadas . 129
albóndigas 129
Marinara 129
Barquitos de calabacín rellenos de cerdo con albahaca y piñones 132
Tazones de fideos de cerdo y curry de piña con leche de coco y hierbas 134
Empanadas picantes de cerdo a la parrilla con ensalada picante de pepino 137
Pizza de masa de calabacín con pesto de tomates secos, pimiento dulce y salchicha italiana 139
Pierna de cordero ahumada con limón y cilantro con espárragos a la plancha 142
Olla de cordero 145
Estofado de cordero con fideos de apio 148
Chuletas de cordero con granada picante y salsa de dátiles 150
Chatney 150
costillas de cordero 150
Lomo de cordero al chimichurri con rábano asado 152
Chuletillas de cordero marinadas en anchoas y salvia con remolacha de zanahorias y boniato 154
Hamburguesas de cordero rellenas de la huerta con coulis de pimiento rojo 156
coulis de pimiento rojo 156
Hamburguesas 156
Brochetas de cordero con doble orégano y salsa tzatzika 160
brochetas de cordero 160
salsa tzatziki 160
Pollo a la plancha con azafrán y limón 162
Pollo asado con ensalada de jícama 164
pollo 164
Ensalada de col 164
Cuartos de pollo a la plancha con vodka, zanahorias y salsa de tomate 167

Poulet Rôti y Patatas Fritas Colinabo 169
Coq au Vin de tres hongos con puré de cebollino 171
Barras Glaseadas De Brandy De Durazno 174
Glaseado de melocotón y brandy 174
Pollo adobado a la chilena con ensalada de mango y sandia 176
pollo 176
Ensalada 176
Muslos de pollo tandoori con raita de pepino 179
pollo 179
Raito Kumara 179
Pollo al curry guisado con tubérculos, espárragos y manzana verde con menta ... 181
Ensalada paillard de pollo a la plancha con frambuesas, remolacha y almendras tostadas 183
Pechuga de pollo rellena de brócoli con salsa de tomate fresco y ensalada césar . 186
Envolturas de shawarma de pollo a la parrilla con verduras picantes y aderezo de pino 189
Pechuga de pollo asada con champiñones, coliflor con puré de ajo y espárragos asados 191
Sopa de pollo al estilo tailandés 193
Pollo a la parrilla con limón y salvia con escarola 195
Pollo con cebolletas, berros y rábanos 198
Pollo tikka masala 200
Muslos de pollo Ras el Hanout 203
Piernas de pollo marinadas en carambola sobre espinacas al vapor 206
Tacos De Pollo Y Repollo Poblano Con Chipotle Mayo 208
Estofado de pollo con zanahorias baby y bok choy 210
Pollo salteado con anacardos, naranja y pimiento dulce sobre lechuga 212
Pollo vietnamita con coco y limoncillo 214
Ensalada de manzana y pollo a la plancha 217

SOLOMILLOS A LA PLANCHA CON TUBÉRCULOS RALLADOS

TAREAS DEL HOGAR:20 minutos reposo: 20 minutos Grill: 10 minutos reposo: 5 minutos Rinde: 4 raciones

LOS FILETES DE LOMO TIENEN UNA TEXTURA MUY FINA,Y UNA PEQUEÑA TIRA DE GRASA EN UN LADO DEL BISTEC QUEDARÁ CRUJIENTE Y AHUMADA EN LA PARRILLA. MI FORMA DE PENSAR SOBRE LA GRASA ANIMAL HA CAMBIADO DESDE MI PRIMER LIBRO. SI SE APEGA A LOS CONCEPTOS BÁSICOS DE PALEO DIET® Y MANTIENE LAS GRASAS SATURADAS ENTRE EL 10 Y EL 15 POR CIENTO DE SUS CALORÍAS DIARIAS, NO AUMENTARÁ SU RIESGO DE ENFERMEDAD CARDÍACA Y, DE HECHO, LO CONTRARIO PUEDE SER CIERTO. LA NUEVA INFORMACIÓN SUGIERE QUE AUMENTAR EL COLESTEROL LDL EN REALIDAD PUEDE REDUCIR LA INFLAMACIÓN SISTÉMICA, UN FACTOR DE RIESGO PARA LA ENFERMEDAD CARDÍACA.

- 3 cucharadas de aceite de oliva virgen extra
- 2 cucharadas de rábano picante fresco rallado
- 1 cucharadita de cáscara de naranja finamente rallada
- ½ cucharadita de comino molido
- ½ cucharadita de pimienta negra
- 4 filetes (también llamados solomillo), cortados en rodajas de aproximadamente 1 cm de grosor
- 2 chirivías medianas, peladas
- 1 camote grande, pelado
- 1 nabo mediano, pelado
- 1 o 2 chalotes finamente picados
- 2 dientes de ajo machacados
- 1 cucharada de tomillo fresco, cortado en tiras

1. En un tazón pequeño, combine 1 cucharada de aceite, rábano picante, cáscara de naranja, comino y ¼ de cucharadita de pimienta. Cubre los filetes con la mezcla; tapa y deja reposar durante 15 minutos a temperatura ambiente.

2. Mientras tanto, picar las chirivías, boniatos y nabos para el picadillo en un rallador o en un robot de cocina con un rallador. Coloque las verduras picadas en un tazón grande; añade la chalota. En un tazón pequeño, combine las 2 cucharadas de aceite restantes, el ¼ de cucharadita restante de pimienta, el ajo y el tomillo. Espolvorea sobre las verduras; revuelva para mezclar bien. Doble una pieza de papel de aluminio resistente de 36 por 18 pulgadas por la mitad para crear una pieza doble de papel de aluminio resistente de 18 por 18 pulgadas. Coloca la mezcla de verduras en el centro del papel aluminio; levante los bordes opuestos de la lámina y cierre con un pliegue. Dobla los bordes restantes para encerrar completamente las verduras, dejando espacio para que se acumule el vapor.

3. Para una parrilla de carbón o de gas, coloque los bistecs y el papel de aluminio directamente sobre la parrilla a fuego moderado. Cubra y cocine los filetes durante 10 a 12 minutos a temperatura media (145 °F) o de 12 a 15 minutos a temperatura media (160 °F), volteándolos a la mitad de la cocción. Asa el paquete de 10 a 15 minutos o hasta que las verduras estén tiernas. Deje reposar los filetes durante 5 minutos mientras se asan las verduras. Divide el puré de verduras en cuatro platos para servir; cubrir con filetes.

ASADOS ASIATICOS CON TERNERA Y VERDURAS

TAREAS DEL HOGAR:30 minutos Tiempo de cocción: 15 minutos Rinde: 4 porciones

FIVE SPICE POWDER ES UNA MEZCLA DE ESPECIAS SIN SAL.DE USO FRECUENTE EN LA COCINA CHINA. CONSISTE EN PARTES IGUALES DE CANELA MOLIDA, CLAVO, SEMILLAS DE HINOJO, ANIS ESTRELLADO Y GRANOS DE PIMIENTA DE SICHUAN.

- 1½ libras de lomo de res deshuesado o bistec redondo deshuesado, cortado en rebanadas de 1 pulgada de grosor
- 1½ cucharaditas de polvo de cinco especias
- 3 cucharadas de aceite de coco refinado
- 1 cebolla roja pequeña, en rodajas finas
- 1 manojo pequeño de espárragos (alrededor de 12 onzas), recortados y cortados en trozos de 3 pulgadas
- 1½ tazas de zanahorias naranjas y/o amarillas en juliana
- 4 dientes de ajo, picados
- 1 cucharadita de cáscara de naranja finamente rallada
- ¼ taza de jugo de naranja fresco
- ¼ taza de caldo de hueso de res (ver_receta_) o caldo de res sin sal añadida
- ¼ taza de vinagre de vino blanco
- ¼ a ½ cucharadita de pimiento rojo triturado
- 8 tazas de repollo napa rallado
- ½ taza de almendras en hojuelas tostadas sin sal o anacardos sin sal picados en trozos grandes (vea la sugerencia en la página 57)

1. Si lo desea, congele parcialmente la carne para cortarla más fácilmente (unos 20 minutos). Cortar la carne en rodajas muy finas. En un tazón grande, combine la carne de res y el polvo de cinco especias. En un wok grande o una sartén muy grande, caliente 1 cucharada de aceite de coco a fuego medio-alto. Agrega la mitad de la carne; cocina y revuelve de 3 a 5 minutos o hasta que se dore. Pasar la carne a un bol. Repita con la carne restante y otra cucharada de aceite. Ponga la carne en un recipiente con la otra carne cocida.

2. Agregue la cucharada restante de aceite al mismo wok. Agrega las cebollas; cocine y revuelva durante 3 minutos. Agrega los espárragos y las zanahorias; cocine y revuelva durante 2 a 3 minutos, o hasta que las verduras estén tiernas pero crujientes. Agrega el ajo; cocina y revuelve durante 1 minuto más.

3. Para la salsa, combine la ralladura de naranja, el jugo de naranja, el caldo de hueso de res, el vinagre y el pimiento rojo molido en un tazón pequeño. Agregue la salsa a las verduras en el wok y toda la carne y los jugos en el tazón. Cocine y revuelva durante 1 a 2 minutos o hasta que se caliente por completo. Usando una cuchara ranurada, transfiera el repollo a un tazón grande. Tapa para mantener el calor.

4. Cocine la salsa, sin tapar, a fuego medio durante 2 minutos. Agrega el repollo; cocine y revuelva durante 1 a 2 minutos o hasta que el repollo esté tierno. Divida el repollo y los jugos de cocción en cuatro platos para

servir. Espolvorea uniformemente con la mezcla de carne. Espolvorear con nueces.

FILETES DE MADERA DE CEDRO CON SALSA ASIÁTICA Y ENSALADA DE COL

SUMERGIRSE:1 hora preparación: 40 minutos a la parrilla: 13 minutos reposo: 10 minutos Rendimiento: 4 raciones.

EL REPOLLO DE NAPA A VECES SE LLAMA REPOLLO CHINO.TIENE HERMOSAS HOJAS ARRUGADAS DE COLOR CREMA CON PUNTAS DE COLOR AMARILLO VERDOSO BRILLANTE. TIENE UN SABOR SUAVE Y UNA TEXTURA BASTANTE DIFERENTE A LAS HOJAS CEROSAS DE LA COL, Y NO SORPRENDE QUE SEA UNA PARTE NATURAL DE LA COCINA ASIÁTICA.

- 1 tablón grande de cedro
- ¼ onza de hongos shiitake secos
- ¼ taza de aceite de nuez
- 2 cucharaditas de jengibre fresco molido
- 2 cucharaditas de pimiento rojo triturado
- 1 cucharadita de pimienta de Szechuan triturada
- ¼ de cucharadita de cinco especias en polvo
- 4 dientes de ajo, picados
- 4 bistecs de solomillo de 4 a 5 onzas, cortados en rebanadas de ¾ a 1 pulgada de grosor
- Col asiática (ver receta, abajo)

1. Coloque la placa de la parrilla en el agua; perder peso y remojar durante al menos 1 hora.

2. Mientras tanto, para la pasta asiática, cubra los hongos shiitake secos en un tazón pequeño con agua hirviendo; Deje reposar durante 20 minutos para rehidratar.

Escurra los champiñones y colóquelos en un procesador de alimentos. Agregue aceite de nuez, jengibre, pimiento rojo triturado, pimienta de Szechuan, polvo de cinco especias y ajo. Cubra y procese hasta que los champiñones estén picados y los ingredientes combinados; dejar de lado.

3. Drene la placa de la parrilla. Para una parrilla de carbón, coloque carbones alrededor del perímetro de la parrilla a fuego lento. Coloque la placa de la parrilla directamente sobre las brasas. Cubra y cocine a la parrilla de 3 a 5 minutos, o hasta que esté crepitante y humeante. Coloque los bistecs en la parrilla directamente sobre las brasas calientes; cocine a la parrilla de 3 a 4 minutos o hasta que se dore. Transfiera los bistecs a una tabla de cortar, con el lado chamuscado hacia arriba. Coloque la placa en el centro de la parrilla. Divide la salsa asiática entre los bistecs. Tape y cocine a la parrilla durante 10 a 12 minutos o hasta que un termómetro de lectura instantánea insertado horizontalmente en los bistecs indique 130 °F. (Para una parrilla de gas, precaliente la parrilla. Reduzca el fuego a medio. Coloque la bandeja de goteo en la rejilla, cubra y cocine en la parrilla de 3 a 5 minutos o hasta que la bandeja comience a crujir y humear. Coloque los filetes en la parrilla de 3 a 4 minutos o hasta que estén dorados. colóquelos en una tabla para cortar, con el lado dorado hacia arriba. Ponga la parrilla en cocción indirecta; coloque el plato con los filetes sobre el quemador apagado. Extienda la pasta sobre los bistecs. Cubra y cocine a la parrilla de 10 a 12 minutos o hasta que un termómetro de lectura

instantánea insertado horizontalmente en los filetes indique 130 °F). Ajuste la rejilla para cocción indirecta; coloque el plato con los filetes sobre el quemador apagado. Extienda la pasta sobre los bistecs. Cubra y cocine a la parrilla de 10 a 12 minutos o hasta que un termómetro de lectura instantánea insertado horizontalmente en los filetes indique 130 °F). Ajuste la rejilla para cocción indirecta; coloque el plato con los filetes sobre el quemador apagado. Extienda la pasta sobre los bistecs. Cubra y cocine a la parrilla de 10 a 12 minutos, o hasta que un termómetro de lectura instantánea se inserte horizontalmente en los filetes. Cubra y cocine a la parrilla de 10 a 12 minutos o hasta que un termómetro de lectura instantánea insertado horizontalmente en los filetes indique 130 °F). Ajuste la rejilla para cocción indirecta; coloque el plato con los filetes sobre el quemador apagado. Extienda la pasta sobre los bistecs. Cubra y cocine a la parrilla de 10 a 12 minutos o hasta que un termómetro de lectura instantánea insertado horizontalmente en los filetes indique 130 °F). Ajuste la rejilla para cocción indirecta; coloque el plato con los filetes sobre el quemador apagado. Extienda la pasta sobre los bistecs. Cubra y cocine a la parrilla de 10 a 12 minutos, o hasta que un termómetro de lectura instantánea se inserte horizontalmente en los filetes. Cubra y cocine a la parrilla de 10 a 12 minutos o hasta que un termómetro de lectura instantánea insertado horizontalmente en los filetes indique 130 °F). Ajuste la rejilla para cocción indirecta; coloque el plato con los filetes sobre el quemador apagado. Extienda la pasta sobre los bistecs.

Cubra y cocine a la parrilla de 10 a 12 minutos o hasta que un termómetro de lectura instantánea insertado horizontalmente en los filetes indique 130 °F). Ajuste la rejilla para cocción indirecta; coloque el plato con los filetes sobre el quemador apagado. Extienda la pasta sobre los bistecs. Cubra y cocine a la parrilla de 10 a 12 minutos, o hasta que un termómetro de lectura instantánea se inserte horizontalmente en los filetes. coloque el plato con los filetes sobre el quemador apagado. Extienda la pasta sobre los bistecs. Cubra y cocine a la parrilla de 10 a 12 minutos, o hasta que un termómetro de lectura instantánea se inserte horizontalmente en los filetes. coloque el plato con los filetes sobre el quemador apagado. Extienda la pasta sobre los bistecs. Cubra y cocine a la parrilla de 10 a 12 minutos, o hasta que un termómetro de lectura instantánea se inserte horizontalmente en los filetes.

4. Retire los filetes de la parrilla. Cubre los bistecs sin apretarlos con papel aluminio; dejar reposar por 10 minutos. Cortar los filetes en rodajas de ¼ de pulgada de grosor. Sirva el bistec con una ensalada asiática.

Ensalada asiática: Mezcle 1 repollo napa de cabeza mediana, en rodajas finas, en un tazón grande; 1 taza de repollo rojo finamente rallado; 2 zanahorias, peladas y peladas; 1 pimiento rojo o amarillo, sin semillas y en rodajas muy finas; 4 cebolletas, finamente picadas; 1 a 2 chiles serranos, sin semillas y picados (ver<u>inclinación</u>); 2 cucharadas de cilantro picado; y 2 cucharadas de menta molida. Para el aderezo, combine 3 cucharadas de jugo de limón fresco, 1 cucharada de jengibre fresco rallado,

1 diente de ajo picado y ⅛ de cucharadita de cinco especias en polvo en un procesador de alimentos o licuadora. Cubra y procese hasta que quede suave. Con el procesador en marcha, agregue gradualmente ½ taza de aceite de nuez y mezcle hasta que quede suave. Agregue 1 cebolla tierna en rodajas finas al aderezo. Rocíe sobre la ensalada y revuelva.

FILETES TRITIP FRITOS CON PEPERONATA DE COLIFLOR

TAREAS DEL HOGAR:25 minutos Tiempo de cocción: 25 minutos Rinde: 2 porciones

PEPERONATA ES TRADICIONALMENTE UN RAGÚ ASADO A FUEGO LENTO.PIMIENTO DULCE CON CEBOLLA, AJO Y HIERBAS. ESTA VERSIÓN FRITA RÁPIDA, MÁS SUSTANCIOSA CON COLIFLOR, TAMBIÉN FUNCIONA COMO GUARNICIÓN.

- 2 filetes de tres puntas de 4 a 6 onzas, cortados en rebanadas de ¾ a 1 pulgada de grosor
- ¾ cucharadita de pimienta negra
- 2 cucharadas de aceite de oliva virgen extra
- 2 pimientos rojos y/o amarillos, sin semillas y en rodajas
- 1 chalote, en rodajas finas
- 1 cucharadita de especias mediterráneas (ver receta)
- 2 tazas de floretes pequeños de coliflor
- 2 cucharadas de vinagre balsámico
- 2 cucharaditas de tomillo fresco, cortado en tiras

1. Seque los filetes con toallas de papel. Espolvorea los filetes con ¼ de cucharadita de pimienta negra. Caliente 1 cucharada de aceite en una sartén grande a fuego medio-alto. Agrega los filetes a la sartén; reduzca el fuego a medio. Cocine los filetes durante 6 a 9 minutos a fuego lento (145 °F), volteándolos ocasionalmente. (Reduzca el fuego si la carne se dora demasiado rápido). Retire los filetes de la sartén; cubra sin apretar con papel de aluminio para mantener el calor.

2. Para la peperonata, agregue la cucharada restante de aceite a la sartén. Agregue el pimentón y la chalota. Espolvorear con especias mediterráneas. Cocine a fuego medio durante unos 5 minutos o hasta que los pimientos estén tiernos, revolviendo ocasionalmente. Agregue la coliflor, el vinagre balsámico, el tomillo y la ½ cucharadita restante de pimienta negra. Tape y cocine, revolviendo ocasionalmente, durante 10 a 15 minutos o hasta que la coliflor esté tierna. Regrese los filetes a la sartén. Vierta la mezcla de pepperoni sobre los filetes. Servir inmediatamente.

FILETES A LA PARRILLA AU POIVRE CON SALSA DE CHAMPIÑONES Y DIJON

TAREAS DEL HOGAR: 15 minutos Tiempo de cocción: 20 minutos Rinde: 4 porciones

ESTE BISTEC FRANCES CON SALSA DE CHAMPIÑONES PUEDE ESTAR EN LA MESA EN POCO MAS DE 30 MINUTOS, LO QUE LO CONVIERTE EN UNA EXCELENTE OPCION PARA UNA COMIDA RAPIDA ENTRE SEMANA.

FILETES
- 3 cucharadas de aceite de oliva virgen extra
- 1 libra de espárragos jóvenes, en rodajas
- 4 filetes de gaviota de 6 onzas (hombro de res deshuesado) *
- 2 cucharadas de romero fresco cortado en tiras
- 1½ cucharaditas de pimienta negra molida

ADEREZO
- 8 onzas de champiñones frescos picados
- 2 dientes de ajo machacados
- ½ taza de caldo de hueso de res (ver<u>receta</u>)
- ¼ taza de vino blanco seco
- 1 cucharada de mostaza Dijon (ver<u>receta</u>)

1. Caliente 1 cucharada de aceite en una sartén grande a fuego medio-alto. Agrega los espárragos; cocina de 8 a 10 minutos o hasta que estén crujientes, volteando los tallos de vez en cuando para evitar que se quemen. Coloca los espárragos en un plato; Cubra con papel de aluminio para mantener el calor.

2. Espolvorea los filetes con romero y pimienta; frota tus dedos. En la misma sartén, calienta las 2 cucharadas de aceite restantes a fuego medio-alto. Agrega los filetes; reduzca el fuego a medio. Cocine a fuego lento (145°F) durante 8 a 12 minutos, volteando la carne de vez en cuando. (Si la carne se dora demasiado rápido, baje el fuego). Retire la carne de la sartén y reserve la grasa. Cubra los filetes sin apretar con papel de aluminio para mantenerlos calientes.

3. Para la salsa, agregue los champiñones y el ajo a la grasa en la sartén; cocine hasta que esté suave, revolviendo ocasionalmente. Agregue el caldo, el vino y la mostaza Dijon. Cocine a fuego medio, raspando los trozos dorados en el fondo de la sartén. Hervirlo; cocina por 1 minuto más.

4. Divida los espárragos en cuatro platos llanos. Cubre con los filetes; vierta la salsa sobre los filetes.

*Nota: Si no puede encontrar bistecs planos de 6 onzas, compre dos bistecs de 8 a 12 onzas y córtelos por la mitad para hacer cuatro bistecs.

FILETES A LA PARRILLA CON ENSALADA DE SALSA Y CEBOLLAS CARAMELIZADAS

TAREAS DEL HOGAR:30 minutos Marinar: 2 horas Hornear: 20 minutos Enfriar: 20 minutos Asar a la parrilla: 45 minutos Rinde: 4 porciones

EL BISTEC A LA PARRILLA ES RELATIVAMENTE NUEVO.UN CORTE DESARROLLADO HACE SÓLO UNOS POCOS AÑOS. TALLADO EN LA PARTE SALADA DE LA CABEZA CERCA DEL OMÓPLATO, ES SORPRENDENTEMENTE TIERNO Y SABE MUCHO MÁS CARO DE LO QUE ES, LO QUE PROBABLEMENTE EXPLICA SU RÁPIDO AUMENTO EN POPULARIDAD.

FILETES
- ⅓ taza de jugo de limón fresco
- ¼ taza de aceite de oliva virgen extra
- ¼ taza de cilantro picado grueso
- 5 dientes de ajo picados
- 4 filetes de gaviota de 6 onzas (hombro de res deshuesado)

VENDAJE
- 1 pepino (inglés), sin semillas (pelado si es necesario), cortado en cubitos
- 1 taza de tomates uva picados
- ½ taza de cebolla roja picada
- ½ taza de cilantro picado grueso
- 1 chile poblano, sin semillas y cortado en cubitos (ver<u>inclinación</u>)
- 1 jalapeño, sin semillas y picado (ver<u>inclinación</u>)
- 3 cucharadas de jugo de limón fresco

2 cucharadas de aceite de oliva virgen extra

CEBOLLAS CARAMELIZADAS
- 2 cucharadas de aceite de oliva virgen extra
- 2 cebollas dulces grandes (como Maui, Vidalia, Texas Sweet o Walla Walla)
- ½ cucharadita de chiles chipotles molidos

1. Para los bistecs, colóquelos en una bolsa de plástico con cierre en un plato poco profundo; dejar de lado. En un tazón pequeño, combine el jugo de limón, el aceite, el cilantro y el ajo; verter sobre los filetes en la bolsa. Cierra la bolsa; girar y pulsar Dejar marinar en la nevera durante 2 horas.

2. Para la ensalada, combine los pepinos, los tomates, la cebolla, el cilantro, el chile poblano y el jalapeño en un tazón grande. Revuelve para combinar. Para el aderezo, mezcle el jugo de limón y el aceite de oliva en un tazón pequeño. Vierta el aderezo sobre las verduras; ponte un abrigo. Cubrir y refrigerar hasta servir.

3. Para las cebollas, precaliente el horno a 400° F. Cepille el interior de un horno holandés con un poco de aceite de oliva; dejar de lado. Corta la cebolla por la mitad a lo largo, quítale la piel y luego córtala en rodajas de ¼ de pulgada de grosor. Combine el aceite de oliva restante, la cebolla y la pimienta en el horno holandés. Tape y hornee por 20 minutos. Destapar y dejar enfriar durante unos 20 minutos.

4. Coloque la cebolla enfriada en papel de aluminio para hornear o envuélvala en papel de aluminio de doble

grosor. Perfore la parte superior de la lámina en varios lugares con un pincho.

5. Para una parrilla de carbón, coloque carbón alrededor del perímetro de la parrilla a fuego medio. Pruébalo a fuego medio sobre el centro de la parrilla. Coloque el paquete en el centro de la rejilla. Cubra y ase durante unos 45 minutos, o hasta que las cebollas estén suaves y de color ámbar. (Para una parrilla de gas, precaliente la parrilla. Reduzca el fuego a medio. Configure la cocción indirecta. Coloque el paquete en el quemador apagado. Cubra y ase como se indica).

6. Retire los filetes de la marinada; descartar la marinada. Para una parrilla de carbón o de gas, coloque los bistecs directamente sobre la parrilla a fuego medio-alto. Cubra y cocine a la parrilla de 8 a 10 minutos o hasta que un termómetro de lectura instantánea insertado horizontalmente en los bistecs indique 135 °F y dé vuelta una vez. Transfiera los filetes a un plato, cubra con papel aluminio y deje reposar durante 10 minutos.

7. Para servir, divida la salsa entre cuatro platos para servir. Disponer un filete en cada plato y espolvorear generosamente con cebollas caramelizadas. Servir inmediatamente.

Instrucciones de preparación: La ensalada de salsa se puede preparar y enfriar hasta 4 horas antes de servir.

COSTILLAS A LA PARRILLA CON CEBOLLA DE HIERBAS Y "MANTEQUILLA" DE AJO

TAREAS DEL HOGAR:10 minutos cocción: 12 minutos enfriamiento: 30 minutos asado a la parrilla: 11 minutos preparación: 4 porciones

EL CALOR DE LOS BISTECS RECIEN ASADOS SE DERRITECUCHARADAS DE CEBOLLA CARAMELIZADA, AJO Y HIERBAS SUSPENDIDAS EN UNA RICA MEZCLA DE ACEITE DE COCO Y ACEITE DE OLIVA.

- 2 cucharadas de aceite de coco sin refinar
- 1 cebolla pequeña, cortada por la mitad y en rodajas muy finas (alrededor de ¾ de taza)
- 1 diente de ajo, en rodajas muy finas
- 2 cucharadas de aceite de oliva virgen extra
- 1 cucharada de perejil fresco, cortado en tiras
- 2 cucharaditas de tomillo fresco, romero y/o orégano, rallado
- 4 filetes de costilla de res de 8 a 10 onzas, cortados en rebanadas de 1 pulgada de grosor
- ½ cucharadita de pimienta negra recién molida

1. Derrita el aceite de coco en una cacerola mediana a fuego lento. Agrega la cebolla; cocina, revolviendo ocasionalmente, de 10 a 15 minutos o hasta que esté ligeramente dorado. Agrega el ajo; cocina de 2 a 3 minutos más, o hasta que las cebollas estén doradas, revolviendo ocasionalmente.

2. Transfiera la mezcla de cebolla a un tazón pequeño. Añadir el aceite de oliva, el perejil y el tomillo. Refrigere, sin tapar, durante 30 minutos o hasta que la mezcla esté lo suficientemente firme como para formar un montículo cuando se saque, revolviendo ocasionalmente.

3. Mientras tanto, espolvorea los filetes con pimienta. Para una parrilla de carbón o gas, coloque los bistecs directamente sobre la parrilla a fuego medio. Tape y cocine a la parrilla de 11 a 15 minutos para que esté medio cocido (145 °F) o de 14 a 18 minutos para que esté medio cocido (160 °F), volteándolo una vez a la mitad de la cocción.

4. Para servir, coloque cada filete en un plato para servir. Extienda inmediatamente la mezcla de cebolla de manera uniforme sobre los filetes.

ENSALADA DE CHULETÓN CON REMOLACHA A LA PARRILLA

TAREAS DEL HOGAR:20 minutos asado: 55 minutos tiempo de reposo: 5 minutos Rendimiento: 4 porciones

EL SABOR TERROSO DE LA REMOLACHA SE COMBINA MARAVILLOSAMENTELA DULZURA DE LAS NARANJAS Y LAS NUECES TOSTADAS AGREGAN UN TOQUE CRUJIENTE A ESTA ENSALADA PRINCIPAL, PERFECTA PARA CENAR AL AIRE LIBRE EN LAS CÁLIDAS NOCHES DE VERANO.

- 1 libra de remolachas doradas y/o medianas, lavadas, recortadas y cortadas en gajos
- 1 cebolla pequeña, cortada en aros finos
- 2 ramitas de tomillo fresco
- 1 cucharada de aceite de oliva virgen extra
- pimienta negro
- 2 bistecs rib-eye deshuesados de 8 onzas, cortados con un grosor de 3/4 de pulgada
- 2 dientes de ajo, cortados por la mitad
- 2 cucharadas de especias mediterráneas (ver<u>receta</u>)
- 6 tazas de ensalada mixta
- 2 naranjas, peladas, en rodajas y picadas en trozos grandes
- ½ taza de nueces picadas, tostadas (ver<u>inclinación</u>)
- ½ taza de vinagreta ligera de cítricos (ver<u>receta</u>)

1. Coloque las ramitas de remolacha, la cebolla y el tomillo en papel de aluminio en la fuente para hornear. Rocíe con aceite y revuelva; espolvorear ligeramente con pimienta negra molida. Para una parrilla de carbón o gas, coloque la sartén en el centro de la parrilla. Tape y cocine a la parrilla durante 55 a 60 minutos o hasta que

estén tiernos al pincharlos con un cuchillo, revolviendo ocasionalmente.

2. Mientras tanto, frota ambos lados de los filetes con los lados cortados del ajo; espolvorear con especias mediterráneas.

3. Mueva las remolachas al centro de la parrilla para hacer espacio para los bistecs. Agregue los filetes directamente a la parrilla a fuego medio. Tape y cocine a la parrilla de 11 a 15 minutos para que esté medio cocido (145 °F) o de 14 a 18 minutos para que esté medio cocido (160 °F), volteándolo una vez a la mitad de la cocción. Retire la sartén y los filetes de la parrilla. Dejar reposar los filetes durante 5 minutos. Deseche las ramitas de tomillo de la bandeja para hornear forrada con papel de aluminio.

4. Cortar el bistec en diagonal en trozos pequeños. Divide las verduras en cuatro platos para servir. Cubra con bistec en rodajas, remolacha, rodajas de cebolla, naranjas picadas y nueces. Vierta el vino ligero de cítricos.

COSTILLAS ESTILO COREANO CON REPOLLO SALTEADO CON JENGIBRE

TAREAS DEL HOGAR:Hervir 50 minutos: Hornear 25 minutos: Enfriar 10 horas: Durante la noche Rendimiento: 4 porciones

REVISA LA TAPA DE TU HORNO HOLANDÉSENCAJA MUY BIEN PARA QUE DURANTE UN TIEMPO DE COCCIÓN MUY LARGO EL LÍQUIDO DE COCCIÓN NO SE EVAPORE POR EL HUECO ENTRE LA TAPA Y LA OLLA.

- 1 onza de hongos shiitake secos
- 1½ tazas de cebollín picado
- 1 pera asiática, pelada, sin corazón y en rodajas
- 1 trozo de jengibre fresco de 3 pulgadas, pelado y picado
- 1 chile serrano, finamente picado (sin semillas si se desea) (ver inclinación)
- 5 dientes de ajo
- 1 cucharada de aceite de coco refinado
- 5 libras de costillas de res sin hueso
- pimienta negra recién molida
- 4 tazas de caldo de hueso de res (ver receta) o caldo de res sin sal añadida
- 2 tazas de hongos shiitake frescos picados
- 1 cucharada de cáscara de naranja finamente rallada
- ⅓ taza de jugo fresco
- Col de jengibre al vapor (ver receta, abajo)
- Cáscara de naranja finamente rallada (opcional)

1. Precaliente el horno a 325° F. Coloque los hongos shiitake secos en un tazón pequeño; agregue suficiente agua

hirviendo para cubrir. Dejar actuar durante unos 30 minutos o hasta que esté rehidratado y suave. Escurrir y guardar el líquido de remojo. Picar finamente los champiñones. Coloca los champiñones en un tazón pequeño; cubra y refrigere hasta que los necesite en el paso 4. Deje los champiñones y el líquido a un lado.

2. Para la salsa, combine la cebolleta, la pera asiática, el jengibre, el serrano, el ajo y el líquido de remojo de champiñones reservado en un procesador de alimentos. Cubra y procese hasta que quede suave. Deja la salsa a un lado.

3. Caliente el aceite de coco en una olla de 6 cuartos a fuego medio-alto. Espolvorea las costillas con pimienta negra recién molida. Freír las costillas en tandas en aceite de coco caliente durante unos 10 minutos o hasta que estén doradas por todos lados, volteándolas a la mitad de la cocción. Regrese todas las costillas a la olla; agregue la salsa y el caldo de res. Cubra el horno holandés con una tapa hermética. Asar durante unas 10 horas o hasta que la carne esté muy tierna y se desprenda del hueso.

4. Retire con cuidado las costillas de la salsa. Coloque las costillas y la salsa en tazones separados. Cubra y refrigere durante la noche. Una vez fría, quite la grasa de la superficie de la salsa y deséchela. Lleva la salsa a ebullición a fuego alto; añade los champiñones hidratados del paso 1 y los champiñones frescos. Cocine a fuego lento durante 10 minutos para reducir la salsa e intensificar los sabores. Regrese las costillas a la salsa;

cocine a fuego lento hasta que esté tibio. Agregue 1 cucharada de cáscara de naranja y jugo de naranja. Sirva con col de jengibre al vapor. Espolvorea con ralladura de naranja si lo deseas.

Repollo con jengibre estofado: Caliente 1 cucharada de aceite de coco refinado en una sartén grande a fuego medio-alto. Agregue 2 cucharadas de jengibre fresco picado; 2 dientes de ajo picados; y pimiento rojo triturado al gusto. Cocine y revuelva hasta que esté fragante, unos 30 segundos. Agregue 6 tazas de napa, repollo o col rizada picadas y 1 pera asiática, pelada, sin corazón y en rodajas finas. Cocine y revuelva durante 3 minutos, o hasta que el repollo esté ligeramente marchito y la pera esté tierna. Agregue ½ taza de jugo de manzana sin azúcar. Tape y cocine por unos 2 minutos, hasta que el repollo esté tierno. Agregue ½ taza de capesta picada y 1 cucharada de semillas de sésamo.

COSTILLAR DE TERNERA CON GREMOLATO DE CÍTRICOS E HINOJO

TAREAS DEL HOGAR:40 minutos a la parrilla: 8 minutos cocción lenta: 9 horas (bajo) o 4,5 horas (alto) Rendimiento: 4 porciones

GREMOLATA ES UN BREBAJE DELICIOSOPEREJIL, AJO Y RALLADURA DE LIMÓN ESPOLVOREADOS SOBRE OSSO BUCCO, UN PLATO ITALIANO CLÁSICO DE PIERNA DE TERNERA ESTOFADA, PARA REALZAR SU RICO SABOR A MANTEQUILLA. CON LA ADICION DE CASCARA DE NARANJA Y HOJAS FRESCAS DE HINOJO, HACE LO MISMO CON ESTAS TIERNAS COSTILLAS DE TERNERA.

COSTILLAS
- 2½ a 3 libras de costillas de res sin hueso
- 3 cucharadas de especias de limón (ver receta)
- 1 bulbo de hinojo mediano
- 1 cebolla grande, cortada en gajos grandes
- 2 tazas de caldo de hueso de res (ver receta) o caldo de res sin sal añadida
- 2 dientes de ajo, cortados por la mitad

CALABAZA HORNEADA
- 3 cucharadas de aceite de oliva virgen extra
- 1 libra de calabaza moscada, pelada, sin semillas y cortada en trozos de ½ pulgada (alrededor de 2 tazas)
- 4 cucharaditas de tomillo fresco, cortado en tiras
- aceite de oliva virgen extra

GREMOLATA

¼ taza de perejil fresco picado

2 cucharadas de ajo picado

1½ cucharaditas de ralladura de limón finamente rallada

1½ cucharaditas de cáscara de naranja finamente rallada

1. Espolvoree el condimento de hierbas de limón sobre las costillas; frotar la carne ligeramente con los dedos; dejar de lado. Retire las hojas de hinojo; reserva para Cítricos e Hinojo Gremolata. Cortar y partir por la mitad el bulbo de hinojo.

2. Para una parrilla de carbón, coloque las brasas a fuego lento a un lado de la parrilla. Pruebe con un calor suave en el lado de la parrilla sin carbón. Coloque las costillas en el lado sin carbón de la parrilla; coloque los cuartos de hinojo y las rodajas de cebolla en la rejilla directamente sobre las brasas. Cubra y cocine a la parrilla de 8 a 10 minutos, o hasta que las verduras y las costillas estén doradas, volteándolas a la mitad de la cocción. (Para una parrilla de gas, precaliente la parrilla, reduzca el fuego a medio. Configure la cocción indirecta. Coloque las costillas en la parrilla con el quemador apagado; coloque el hinojo y la cebolla en la parrilla con el quemador encendido. Cubra y cocine a la parrilla como se indica). Mantenlo,

3. En una olla de cocción lenta de 5 a 6 cuartos, combine el hinojo y la cebolla picados, el caldo de hueso de res y el ajo. Agrega las costillas. Tape y cocine a fuego lento durante 9 a 10 horas o a fuego alto durante 4½ a 5 horas. Usando una espumadera, transfiera las costillas a

un plato; Cubra con papel de aluminio para mantener el calor.

4. Mientras tanto, para la calabaza, caliente 3 cucharadas de aceite en una sartén grande a fuego medio-alto. Agregue la calabaza y 3 cucharaditas de tomillo y revuelva para cubrir la calabaza. Coloque la calabaza en una sola capa en la sartén y cocine, sin revolver, durante unos 3 minutos o hasta que se dore por debajo. Voltee los pedazos de calabaza; cocina unos 3 minutos más o hasta que los otros lados estén dorados. Reduzca el fuego a bajo; cubra y cocine de 10 a 15 minutos o hasta que estén tiernos. Espolvorea con la cucharadita restante de tomillo fresco; rociar con aceite de oliva virgen extra.

5. Para la gremolata, pique finamente suficientes hojas de hinojo reservadas para hacer ¼ de taza. En un tazón pequeño, mezcle las hojas de hinojo picadas, el perejil, el ajo, el limón y la ralladura de naranja.

6. Espolvorea la gremolata sobre las costillas. Servir con calabaza.

EMPANADAS DE CARNE AL ESTILO SUECO CON ENSALADA DE PEPINO Y MOSTAZA

TAREAS DEL HOGAR:30 minutos Tiempo de cocción: 15 minutos Rinde: 4 porciones

BEEF À LA LINDSTROM ES UNA HAMBURGUESA SUECATRADICIONALMENTE ENVUELTO EN CEBOLLAS, ALCAPARRAS Y REMOLACHA EN ESCABECHE, SERVIDO CON SALSA Y SIN PAN. ESTA VERSION ESPECIADA SUSTITUYE LAS REMOLACHAS ASADAS POR REMOLACHAS Y ALCAPARRAS EN ESCABECHE SALADAS Y SE CUBRE CON UN HUEVO FRITO.

ENSALADA DE PEPINO
- 2 cucharaditas de jugo de naranja fresco
- 2 cucharaditas de vinagre de vino blanco
- 1 cucharadita de mostaza Dijon (ver receta)
- 1 cucharada de aceite de oliva virgen extra
- 1 pepino grande (inglés) sin semillas, pelado y rebanado
- 2 cucharadas de cebollín picado
- 1 cucharada de eneldo fresco picado

EMPANADILLAS DE CARNE
- 1 libra de carne molida
- ¼ taza de cebolla finamente picada
- 1 cucharada de mostaza Dijon (ver receta)
- ¾ cucharadita de pimienta negra
- ½ cucharadita de pimienta de Jamaica molida
- ½ remolacha pequeña, asada, pelada y picada finamente*
- 2 cucharadas de aceite de oliva virgen extra

½ taza de caldo de hueso de res (ver receta) o caldo de res sin sal añadida

4 huevos grandes

1 cucharada de cebollín finamente picado

1. Para la ensalada de pepino, mezcle el jugo de naranja, el vinagre y la mostaza Dijon en un tazón grande. Vierta lentamente el aceite de oliva en un chorro fino y revuelva hasta que el aderezo espese un poco. Agrega el pepino, la cebolla tierna y el eneldo; mezcle hasta que esté combinado. Cubrir y refrigerar hasta servir.

2. Para las hamburguesas de carne, combine la carne molida, la cebolla, la mostaza Dijon, la pimienta y la pimienta de Jamaica en un tazón grande. Agregue las remolachas asadas y mezcle suavemente para incorporar uniformemente a la carne. Forme la mezcla en cuatro empanadas de ½ pulgada de grosor.

3. Caliente 1 cucharada de aceite de oliva en una sartén grande a fuego medio-alto. Freír las hamburguesas durante unos 8 minutos o hasta que la parte exterior esté dorada y bien cocida (160°), volteándolas una vez. Transfiera las hamburguesas a un plato y cúbralas con papel aluminio para mantenerlas calientes. Agregue el caldo de hueso de res y revuelva para raspar los trozos dorados del fondo de la sartén. Cocine por unos 4 minutos o hasta que se reduzca a la mitad. Cepille las hamburguesas con los jugos reducidos de la sartén y cúbralas sin apretar.

4. Enjuague la sartén y límpiela con una toalla de papel. Caliente la 1 cucharada restante de aceite de oliva a

fuego medio. Freír los huevos en aceite caliente de 3 a 4 minutos, o hasta que las claras estén cuajadas y las yemas blandas y líquidas.

5. Ponga un huevo en cada hamburguesa de carne. Espolvorea con cebollino y sirve con ensalada de pepino.

*Consejo: si quieres hornear remolachas, lávalas bien y colócalas sobre un trozo de papel de aluminio. Rocíe con un poco de aceite de oliva. Envolver en papel aluminio y sellar herméticamente. Hornee en un horno a 375 ° F durante aproximadamente 30 minutos o hasta que las remolachas se puedan perforar fácilmente con un tenedor. Dejar enfriar; se desliza de la piel. (Rosa se puede hornear hasta con 3 días de anticipación. Envuelva bien las remolachas asadas peladas y guárdelas en el refrigerador).

HAMBURGUESAS DE TERNERA A LA PARRILLA SOBRE RÚCULA CON TUBÉRCULOS ASADOS

TAREAS DEL HOGAR: Cocción 40 minutos: 35 minutos Horneado: 20 minutos Rendimiento: 4 porciones

HAY MUCHOS TEMASESTAS ABUNDANTES HAMBURGUESAS TOMAN UN TIEMPO PARA ARMARSE, PERO LA INCREÍBLE COMBINACIÓN DE SABORES VALE LA PENA EL ESFUERZO: UNA HAMBURGUESA DE RES CUBIERTA CON CEBOLLA CARAMELIZADA Y SALSA DE CHAMPIÑONES Y SERVIDA CON VEGETALES DULCES ASADOS Y RÚCULA.

- 5 cucharadas de aceite de oliva virgen extra
- 2 tazas de champiñones frescos picados, cremini y/o shiitake
- 3 cebollas amarillas, en rodajas finas *
- 2 cucharaditas de semillas de comino
- 3 zanahorias, peladas y cortadas en trozos de 1 pulgada
- 2 chirivías, peladas y cortadas en trozos de 1 pulgada
- 1 calabaza bellota, cortada por la mitad, sin semillas y cortada en gajos
- pimienta negra recién molida
- 2 libras de carne molida
- ½ taza de cebolla finamente picada
- 1 cucharada de mezcla de condimentos para todo uso sin sal
- 2 tazas de caldo de hueso de res (ver receta) o caldo de res sin sal añadida
- ¼ taza de jugo de manzana sin azúcar
- 1 a 2 cucharadas de vinagre de vino blanco o jerez seco

1 cucharada de mostaza Dijon (ver<u>receta</u>)
1 cucharada de hojas de tomillo fresco trituradas
1 cucharada de perejil fresco, cortado en tiras
8 tazas de hojas de rúcula

1. Precaliente el horno a 425° F. Para la salsa, caliente 1 cucharada de aceite de oliva en una sartén grande a fuego medio-alto. Agrega los champiñones; cocine y revuelva durante aproximadamente 8 minutos o hasta que esté bien dorado y tierno. Usando una cuchara ranurada, transfiera los champiñones a un plato. Regrese la sartén al fuego; reduzca el fuego a medio. Agregue la cucharada restante de aceite de oliva, la cebolla picada y el comino. Tape y cocine, revolviendo ocasionalmente, durante 20 a 25 minutos o hasta que las cebollas estén suaves y bien doradas. (Ajuste el calor según sea necesario para evitar que las cebollas se quemen).

2. Mientras tanto, coloque las zanahorias, las chirivías y la calabaza en una bandeja para hornear grande. Rocíe con 2 cucharadas de aceite de oliva y espolvoree con pimienta al gusto; revuelva para envolver las verduras. Hornee durante 20 a 25 minutos o hasta que estén tiernos y comiencen a dorarse, volteándolos a la mitad. Mantenga las verduras calientes hasta que esté listo para servir.

3. Para las hamburguesas, combine la carne molida, la cebolla finamente picada y la mezcla de especias en un tazón grande. Divida la mezcla de carne en cuatro porciones iguales y forme hamburguesas de aproximadamente ¾ de pulgada de grosor. En una

sartén muy grande, caliente la cucharada restante de aceite de oliva a fuego medio-alto. Agrega las hamburguesas a la sartén; cocina unos 8 minutos o hasta que se dore por ambos lados, volteando una vez. Coloca las hamburguesas en un plato.

4. Agregue las cebollas caramelizadas, los champiñones, el caldo de hueso de res, el jugo de manzana, el jerez y la mostaza Dijon a la sartén y revuelva para combinar. Regrese las hamburguesas a la sartén. Cocinemos. Cocine hasta que las hamburguesas estén completamente cocidas (160°F), alrededor de 7 a 8 minutos. Agregue tomillo fresco, perejil y pimienta al gusto.

5. Para servir, coloque 2 tazas de rúcula en cada uno de los cuatro platos para servir. Divida las verduras asadas entre las ensaladas y luego coloque las empanadas encima de ellas. Extienda la mezcla de cebolla generosamente sobre las empanadas.

*Consejo: una cortadora de mandolina es una gran ayuda para cortar cebollas en rodajas finas.

HAMBURGUESAS DE TERNERA A LA PLANCHA CON TOMATES EN COSTRA DE SESAMO

TAREAS DEL HOGAR:30 minutos reposo: 20 minutos Parrilla: 10 minutos Rendimiento: 4 raciones

RODAJAS DE TOMATE CRUJIENTES Y DORADOS CON COSTRA DE SESAMOREEMPLACE EL BOLLO TRADICIONAL CON SEMILLAS DE SESAMO EN ESTAS HAMBURGUESAS AHUMADAS. SERVIRLOS CON CUCHILLO Y TENEDOR.

Rodajas de tomates rojos o verdes de 4 ½ pulgadas*

1¼ libras de carne molida magra

1 cucharada de especia ahumada (verreceta)

1 huevo grande

¾ taza de harina de almendras

¼ taza de semillas de sésamo

¼ cucharadita de pimienta negra

1 cebolla roja pequeña, partida por la mitad y picada

1 cucharada de aceite de oliva virgen extra

¼ taza de aceite de coco refinado

1 cabeza pequeña de lechuga Bibb

Ketchup paleo (verreceta)

mostaza Dijon (verreceta)

1. Coloque las rodajas de tomate sobre una doble capa de toallas de papel. Cubre los tomates con otra capa doble de toallas de papel. Presiona las toallas de papel ligeramente para adherirlas a los tomates. Deje reposar a temperatura ambiente durante 20 a 30 minutos para absorber parte del jugo de tomate.

2. Mientras tanto, combine la carne molida y las especias ahumadas en un tazón grande. Forme cuatro hamburguesas de media pulgada de grosor.

3. Bate ligeramente los huevos en un recipiente poco profundo con un tenedor. En otro tazón poco profundo, mezcle la harina de almendras, las semillas de sésamo y la pimienta. Sumerja cada rodaja de tomate en el huevo y gire para cubrir. Escurrir el exceso de huevo. Sumerja cada rodaja de tomate en la mezcla de harina de almendras y gire para cubrir. Coloque los tomates triturados en un plato plano; dejar de lado. Rocíe las rodajas de cebolla con aceite de oliva; Coloque las rodajas de cebolla en la canasta para hornear.

4. Para una parrilla de carbón o de gas, coloque las cebollas en la canasta y las albóndigas en la parrilla a fuego medio. Cubra y cocine a la parrilla durante 10 a 12 minutos, de lo contrario, las cebollas se dorarán y se quemarán ligeramente y las hamburguesas estarán listas (160 °), revuelva las cebollas ocasionalmente y voltee las hamburguesas una vez.

5. Mientras tanto, calienta el aceite en una sartén grande a fuego medio. Agrega rodajas de tomate; cocina de 8 a 10 minutos o hasta que estén doradas, volteándolas una vez. (Si los tomates se están dorando demasiado rápido, reduzca el fuego a medio-bajo. Agregue más aceite si es necesario). Escúrralos en una bandeja para hornear forrada con toallas de papel.

6. Para servir, divida la ensalada en cuatro platos para servir. Cubra con hamburguesas, cebollas, salsa de

tomate paleo, mostaza Dijon y tomates con costra de sésamo.

*Nota: Probablemente necesitarás 2 tomates grandes. Si usa tomates rojos, elija tomates que estén maduros pero aún ligeramente firmes.

HAMBURGUESAS EN UN PALO CON SALSA BABA GHANOUSH

SUMERGIRSE: 15 minutos preparación: 20 minutos asado: 35 minutos Rendimiento: 4 porciones

BABA GHANOUSH ES UNA VARIEDAD DE ORIENTE MEDIO DE PURÉ DE BERENJENA AHUMADA A LA PLANCHA CON ACEITE DE OLIVA, LIMÓN, AJO Y TAHINI, PASTA DE SEMILLAS DE SÉSAMO MOLIDAS. UNA PIZCA DE SEMILLAS DE SÉSAMO ESTÁ BIEN, PERO CUANDO SE CONVIERTE EN ACEITE O PASTA, SE CONVIERTEN EN UNA FUENTE CONCENTRADA DE ÁCIDO LINOLEICO, QUE PUEDE CONTRIBUIR A LA INFLAMACIÓN. LA MANTEQUILLA DE PIÑONES QUE SE USA AQUI ES UN BUEN SUSTITUTO.

- 4 tomates secos
- 1½ libras de carne molida magra
- 3 a 4 cucharadas de cebolla finamente picada
- 1 cucharada de orégano fresco finamente picado y/o menta fresca finamente picada o ½ cucharadita de orégano seco, triturado
- ¼ de cucharadita de pimienta de cayena
- Salsa para mojar Baba Ghanoush (ver receta, abajo)

1. Remoje ocho brochetas de madera de 10 pulgadas en agua durante 30 minutos. Mientras tanto, cubra los tomates en un tazón pequeño con agua hirviendo; deje reposar durante 5 minutos para rehidratar. Escurra los tomates y séquelos con toallas de papel.

2. En un tazón grande, combine los tomates cortados en cubitos, la carne molida, la cebolla, el orégano y la pimienta de cayena. Divide la mezcla de carne en ocho

porciones; enrolle cada parte en una bola. Retire las brochetas del agua; Lo sé. Enhebre una bola en una brocheta y forme un óvalo largo alrededor de la brocheta, comenzando justo debajo de la punta puntiaguda y dejando suficiente espacio en el otro extremo para sostener la brocheta. Repita con los pinchos y las bolas restantes.

3. Para una parrilla de carbón o parrilla de gas, coloque las brochetas de carne directamente sobre la parrilla a fuego medio. Tape y cocine a la parrilla durante unos 6 minutos o hasta que esté cocido (160 °F), volteándolo una vez a la mitad de la cocción. Servir con salsa Baba Ghanoush.

Salsa Baba Ghanoush: Perfore 2 berenjenas medianas en varios lugares con un tenedor. Para una parrilla de carbón o gas, coloque la berenjena directamente sobre la rejilla de la parrilla a fuego medio. Cubra y cocine a la parrilla durante 10 minutos o hasta que se dore por todos lados, volteando varias veces durante la cocción. Retire las berenjenas y envuélvalas con cuidado en papel de aluminio. Vuelva a colocar la berenjena envuelta en la parrilla, pero no directamente sobre las brasas. Tape y cocine a la parrilla por otros 25 a 35 minutos, o hasta que se desmorone y esté muy tierno. Frío. Cortar las berenjenas por la mitad y raspar la pulpa; coloque la carne en un procesador de alimentos. Agregue ¼ de taza de mantequilla de piñones (ver_receta_); ¼ taza de jugo de limón fresco; 2 dientes de ajo picados; 1 cucharada de aceite de oliva virgen extra; 2 a 3 cucharadas de perejil fresco, cortado en tiras; y ½ cucharadita de comino molido. Cubra y procese hasta que esté casi suave. Si la salsa es demasiado espesa para remojar, agregue suficiente agua para obtener la consistencia deseada.

PIMIENTO DULCE RELLENO AHUMADO

TAREAS DEL HOGAR: Hervir 20 minutos: Hornear 8 minutos: 30 minutos Rinde: 4 porciones

CONVIÉRTALO EN UN FAVORITO DE LA FAMILIACON UNA MEZCLA DE PIMIENTOS COLORIDOS PARA UN PLATO ATRACTIVO. LOS TOMATES ASADOS SON UN BUEN EJEMPLO DE UNA ADICION SALUDABLE DE GRAN SABOR A UNA COMIDA. SIMPLEMENTE CARBONIZAR LIGERAMENTE LOS TOMATES ANTES DE ENLATARLOS (SIN SAL) MEJORARA SU SABOR.

- 4 pimientos dulces grandes verdes, rojos, amarillos y/o naranjas
- 1 libra de carne molida
- 1 cucharada de especia ahumada (ver receta)
- 1 cucharada de aceite de oliva virgen extra
- 1 cebolla amarilla pequeña, picada
- 3 dientes de ajo
- 1 cabeza pequeña de coliflor, sin corazón y cortada en floretes
- 1 lata de 15 onzas de tomates asados cortados en cubitos sin sal agregada, escurridos
- ¼ taza de perejil fresco finamente picado
- ½ cucharadita de pimienta negra
- ⅛ cucharadita de pimienta de cayena
- ½ taza de cobertura de migas de nuez (ver receta, abajo)

1. Precaliente el horno a 375° F. Corte los pimientos por la mitad verticalmente. Retire tallos, semillas y

membranas; tirar a la basura Ponga las mitades de pimiento a un lado.

2. Coloque la carne molida en un tazón mediano; espolvorear con especias. Con las manos, mezcle suavemente las especias en la carne.

3. Caliente el aceite de oliva en una sartén grande a fuego medio. Agrega la carne, la cebolla y el ajo; cocina hasta que la carne esté dorada y la cebolla esté suave, revolviendo con una cuchara de madera para deshacer la carne. Retire la sartén del fuego.

4. Procese finamente los floretes de coliflor en un procesador de alimentos. (Ralle la coliflor si no tiene un procesador de alimentos). Mida 3 tazas de coliflor. Agregue a la mezcla de carne molida en la sartén. (Si queda algo de coliflor, guárdelo para otro uso). Agregue los tomates escurridos, el perejil, la pimienta negra y la pimienta de cayena.

5. Rellene las mitades de pimiento con la mezcla de carne molida, envuélvalas ligeramente y presione ligeramente. Extienda las mitades rellenas de los pimientos en una bandeja para hornear. Hornee durante 30 a 35 minutos o hasta que los pimientos estén tiernos y crujientes. * Cubra con migas de nuez. Si lo desea, regrese al horno durante 5 minutos para que queden crujientes antes de servir.

Cobertura de migas de nuez: Caliente 1 cucharada de aceite de oliva virgen extra en una sartén mediana a fuego medio-bajo. Agregue 1 cucharadita de tomillo seco, 1 cucharadita de pimentón ahumado y ¼ de cucharadita de ajo en polvo. Agregue 1 taza de nueces finamente picadas. cocine y revuelva durante unos 5 minutos, o hasta que las nueces estén doradas y ligeramente tostadas. Agregue una pizca o dos de pimienta de cayena. Dejar enfriar por completo. Guarde el aderezo sobrante en un recipiente hermético en el refrigerador hasta que esté listo para usar. Rinde 1 taza.

*Nota: si usa pimientos verdes, hornee por 10 minutos más.

HAMBURGUESAS DE BISONTE CON CEBOLLA CABERNET Y RUCULA

TAREAS DEL HOGAR:Cocción 30 minutos: 18 minutos Asar a la parrilla: 10 minutos Rinde: 4 porciones

EL BISONTE ES MUY BAJO EN GRASA.Y COCINA 30% A 50% MAS RAPIDO QUE LA CARNE DE RES. LA CARNE CONSERVARA SU COLOR ROJO DESPUES DE LA COCCION, POR LO QUE EL COLOR NO SIGNIFICA QUE ESTE LISTA. DEBIDO A QUE EL BISONTE ES TAN MAGRO, NO LO COCINE POR ENCIMA DE UNA TEMPERATURA INTERNA DE 155 °F.

- 2 cucharadas de aceite de oliva virgen extra
- 2 cebollas dulces grandes, en rodajas finas
- ¾ taza de Cabernet Sauvignon u otro vino tinto seco
- 1 cucharadita de especias mediterráneas (ver_receta_)
- ¼ taza de aceite de oliva virgen extra
- ¼ taza de vinagre balsámico
- 1 cucharada de chalotes finamente picados
- 1 cucharada de albahaca fresca picada
- 1 diente de ajo pequeño, picado
- 1 libra de bisonte molido
- ¼ taza de pesto de albahaca (ver_receta_)
- 5 tazas de rúcula
- Pistachos crudos sin sal, tostados (ver_inclinación_)

1. Caliente 2 cucharadas de aceite en una sartén grande a fuego medio-bajo. Agrega la cebolla. cocina, tapado, revolviendo ocasionalmente, durante 10 a 15 minutos o hasta que la cebolla esté suave. Descubrir; cocine y

revuelva a fuego medio-alto durante 3 a 5 minutos o hasta que las cebollas estén doradas. Agrega el vino; cocina durante unos 5 minutos o hasta que la mayor parte del vino se haya evaporado. Espolvorea con especias mediterráneas; mantener caliente.

2. Mientras tanto, para la vinagreta, combine ¼ de taza de aceite de oliva, vinagre, chalotes, albahaca y ajo en un recipiente con tapa de rosca. Cubra y agite bien.

3. En un tazón grande, mezcle ligeramente el bisonte molido y el pesto de albahaca. Forme ligeramente la mezcla de carne en cuatro hamburguesas de ¾ de pulgada.

4. Para una parrilla de carbón o de gas, coloque las hamburguesas en una parrilla ligeramente engrasada directamente a fuego medio. Cubra y cocine a la parrilla durante unos 10 minutos hasta el punto de cocción deseado (145 °F para término medio o 155 °F para término medio), volteándolo a la mitad.

5. Coloque la rúcula en un tazón grande. Vierta la vinagreta sobre la rúcula; ponte un abrigo. Para servir, divida las cebollas en cuatro platos para servir; cubra cada uno con una hamburguesa de bisonte. Cubrir las hamburguesas con rúcula y espolvorear con pistachos.

PAN DE BISONTE Y CORDERO SOBRE ACELGAS Y BONIATOS

TAREAS DEL HOGAR:1 hora cocción: 20 minutos horneado: 1 hora reposo: 10 minutos Rinde: 4 porciones

ES COMIDA RECONFORTANTE A LA ANTIGUA.CON UN TOQUE MODERNO. LA SALSA DE VINO TINTO AGREGA EL PONCHE PICADO, MIENTRAS QUE LAS ACELGAS Y EL PURÉ DE CAMOTE CON CREMA DE ANACARDOS Y ACEITE DE COCO BRINDAN UN VALOR NUTRICIONAL INCREÍBLE.

- 2 cucharadas de aceite de oliva
- 1 taza de champiñones porcini finamente picados
- ½ taza de cebolla roja finamente picada (1 mediana)
- ½ taza de apio finamente picado (1 tallo)
- ⅓ taza de zanahorias finamente picadas (1 pequeña)
- ½ manzana pequeña, limpia, pelada y cortada en rodajas
- 2 dientes de ajo machacados
- ½ cucharadita de especias mediterráneas (ver receta)
- 1 huevo grande, ligeramente batido
- 1 cucharada de salvia fresca, cortada en tiras
- 1 cucharada de tomillo fresco, cortado en tiras
- 8 onzas de bisonte molido
- 8 onzas de carne o cordero molido
- ¾ taza de vino tinto seco
- 1 chalote mediano, finamente picado
- ¾ taza de caldo de hueso de res (ver receta) o caldo de res sin sal añadida
- puré de boniato (ver receta, abajo)
- Acelgas al ajillo (ver receta, abajo)

1. Precaliente el horno a 350° F. Caliente el aceite en una sartén grande a fuego medio. Agrega los champiñones, la cebolla, el apio y las zanahorias; cocine y revuelva durante unos 5 minutos o hasta que las verduras estén tiernas. Reduzca el fuego a bajo; agregue la manzana rallada y el ajo. Cocine, tapado, durante unos 5 minutos o hasta que las verduras estén tiernas. Alejar del calor; agregue el condimento mediterráneo.

2. Usando una espumadera, transfiera la mezcla de champiñones a un tazón grande, reservando la grasa en la sartén. Agregue el huevo, la salvia y el tomillo. Agregue bisonte molido y cordero molido; mezcle ligeramente. Coloque la mezcla de carne en una fuente para hornear rectangular de 2 cuartos; formar un rectángulo de 7 x 4 pulgadas. Hornee durante aproximadamente 1 hora o hasta que un termómetro de lectura instantánea registre 155 ° F. Deje reposar durante 10 minutos. Retire con cuidado el pastel de carne y colóquelo en un plato para servir. Cubrir y mantener caliente.

3. Para la salsa en la sartén, raspe la grasa y los trozos crujientes de la sartén en la grasa reservada en la sartén. Agregue vino y chalotes. Llevar a ebullición a temperatura media; cocina hasta que se reduzca a la mitad. Agrega el caldo de hueso de res; cocine y revuelva hasta que se reduzca a la mitad. Retire la sartén del fuego.

4. Para servir, divida el puré de papas en cuatro platos para servir; espolvorear con un poco de acelgas. una rebanada de pastel de carne; Coloque las rodajas sobre las acelgas y rocíe con la salsa.

Puré de batatas: pele y corte en trozos grandes 4 batatas medianas. En una olla grande, cocine las papas en suficiente agua hirviendo para cubrirlas durante 15 minutos o hasta que estén tiernas; liberar. Triturar con un machacador de patatas. Agregue ½ taza de crema de marañón (ver<u>receta</u>) y 2 cucharadas de aceite de coco sin refinar; haga puré hasta que quede suave. Mantente caliente.

Acelgas con ajo: Retire los tallos de 2 manojos de acelgas y deséchelas. Cortar las hojas en trozos grandes. Caliente 2 cucharadas de aceite de oliva en una sartén grande a fuego medio. Agrega las acelgas y 2 dientes de ajo machacados; cocina hasta que las acelgas estén tiernas, revolviendo ocasionalmente con unas pinzas.

ALBONDIGAS DE BISONTE ASADO CON MANZANA Y GROSELLAS CON PAPPARDELLE DE CALABACIN

TAREAS DEL HOGAR:Hornear 25 minutos: Hervir 15 minutos: 18 minutos Rinde: 4 porciones

LAS ALBONDIGAS QUEDARAN MUY MOJADAS.CUANDO LOS DISEÑAS. PARA EVITAR QUE LA MEZCLA DE CARNE SE PEGUE A LAS MANOS, TENGA A MANO UN RECIPIENTE CON AGUA FRIA Y, DE VEZ EN CUANDO, MOJESE LAS MANOS MIENTRAS TRABAJA. CAMBIA EL AGUA VARIAS VECES DURANTE LA PREPARACION DE LAS ALBONDIGAS.

ALBONDIGAS
  Aceite de oliva
  ½ taza de cebolla roja picada gruesa
  2 dientes de ajo machacados
  1 huevo, ligeramente batido
  ½ taza de champiñones y tallos finamente picados
  2 cucharadas de perejil italiano (plano) fresco picado
  2 cucharaditas de aceite de oliva
  1 libra de bisonte molido (molido grueso si está disponible)

SALSA DE MANZANA Y GROSELLAS
  2 cucharadas de aceite de oliva
  2 manzanas Granny Smith grandes, peladas, sin corazón y finamente picadas
  2 chalotes picados
  2 cucharadas de jugo de limón fresco
  ½ taza de caldo de huesos de pollo (ver<u>receta</u>) o caldo de pollo sin sal añadida

2 a 3 cucharadas de grosellas secas

PAPPARDELLE DE CALABACIN

  6 calabacines

  2 cucharadas de aceite de oliva

  ¼ taza de cebollín finamente picado

  ½ cucharadita de pimiento rojo triturado

  2 dientes de ajo machacados

1. Para las albóndigas, precaliente el horno a 375° F. Unte ligeramente una bandeja para hornear con borde con aceite de oliva; dejar de lado. Licuar la cebolla y el ajo en un procesador de alimentos o licuadora. Pulse hasta que quede suave. Transfiera la mezcla de cebolla a un tazón mediano. Agrega los huevos, los champiñones, el perejil y 2 cucharaditas de aceite; revuelve para combinar. Agrega bisonte molido; mezclar ligeramente pero bien. Divide la mezcla de carne en 16 partes; formar albóndigas. Extienda las albóndigas de manera uniforme en la bandeja para hornear preparada. Hornee por 15 minutos; dejar de lado.

2. Para la salsa, calienta 2 cucharadas de aceite en una sartén a fuego medio. Agrega las manzanas y los chalotes; cocine y revuelva durante 6 a 8 minutos o hasta que esté muy suave. Agregue jugo de limón. Transfiera la mezcla a un procesador de alimentos o licuadora. Cubra y procese o mezcle hasta que quede suave; volver a la sartén. Agregue el caldo de hueso de pollo y las pasas de Corinto. Hervirlo; reduce el calor. Cocine a fuego lento sin tapar durante 8 a 10 minutos, revolviendo con frecuencia. Agrega las albóndigas;

cocine y revuelva a fuego lento hasta que se caliente por completo.

3. Mientras tanto, corta los extremos de los calabacines para la pappardelle. Con una mandolina muy afilada o un pelador de verduras, corte los calabacines en tiras finas. (Para mantener las tiras intactas, deje de afeitarse cuando llegue a las semillas en el centro de la calabaza). Caliente 2 cucharadas de aceite en una sartén muy grande a fuego medio. Agregue las cebolletas, el pimiento rojo triturado y el ajo; cocine y revuelva durante 30 segundos. Añadir las tiras de calabacín. Cocine y revuelva suavemente durante unos 3 minutos o hasta que estén tiernos.

4. Para servir, divida la pappardella en cuatro platos para servir; cubierto con albóndigas y salsa de manzana y grosella.

BOLOÑESA DE BISONTE PORCINI CON ESPAGUETIS CON AJO ASADO

TAREAS DEL HOGAR:Cocción 30 minutos: 1 hora Horneado 30 minutos: 35 minutos Rinde: 6 porciones

SI PENSASTE QUE COMISTESU ÚLTIMO PLATO DE ESPAGUETIS CON SALSA DE CARNE DESPUÉS DE ADOPTAR LA PALEO DIET®, PIÉNSELO DE NUEVO. SAZONADA CON AJO, VINO TINTO Y CHAMPIÑONES TERROSOS, ESTA RICA BOLOÑESA SE COLOCA SOBRE TIRAS DULCES Y SALADAS DE CALABAZA ESPAGUETI. NO PUEDE FALTAR NADA CON LA PASTA.

- 1 onza de champiñones porcini secos
- 1 taza de agua hirviendo
- 3 cucharadas de aceite de oliva virgen extra
- 1 libra de bisonte molido
- 1 taza de zanahorias finamente picadas (2)
- ½ taza de cebolla picada (1 mediana)
- ½ taza de apio finamente picado (1 tallo)
- 4 dientes de ajo, picados
- 3 cucharadas de puré de tomate sin sal
- ½ taza de vino tinto
- 2 latas de 15 onzas de tomates triturados sin sal añadida
- 1 cucharadita de orégano seco molido
- 1 cucharadita de tomillo seco, molido
- ½ cucharadita de pimienta negra
- 1 calabaza espagueti mediana (2½ a 3 libras)
- 1 cebolla de ajo

1. Combine los champiñones y el agua hirviendo en un tazón pequeño; dejar reposar por 15 minutos. Escurra a través de un colador forrado con una gasa 100% algodón, reservando el líquido de remojo. Rebana los champiñones; donar

2. Caliente 1 cucharada de aceite de oliva en una sartén de 4 a 5 cuartos a fuego medio. Agregue el bisonte molido, las zanahorias, las cebollas, el apio y el ajo. Cocine hasta que la carne esté dorada y las verduras estén tiernas, revolviendo con una cuchara de madera para romper la carne. Agrega la pasta de tomate; cocine y revuelva durante 1 minuto. Agrega el vino tinto; cocine y revuelva durante 1 minuto. Agregue los champiñones, los tomates, el orégano, el tomillo y la pimienta. Agregue el líquido reservado de los champiñones, con cuidado de no agregar gravilla o arena que pueda haber en el fondo de la sartén. Llevar a ebullición, revolviendo ocasionalmente; reduzca el fuego a bajo. Cocine a fuego lento tapado durante 1½ a 2 horas o hasta obtener el espesor deseado.

3. Mientras tanto, precaliente el horno a 375° F. Corte la calabaza por la mitad a lo largo; raspa las semillas. Coloque las mitades de calabaza, con el lado cortado hacia abajo, en una fuente para horno grande. Perforar la piel por todas partes con un tenedor. Cortar la parte superior de la cabeza de ajo por ½ pulgada. Coloque el ajo, con el lado cortado hacia arriba, en la fuente para hornear al lado de las calabazas. Rocíe con la cucharada restante de aceite de oliva. Hornee durante 35 a 45 minutos o hasta que la calabaza y el ajo estén suaves.

4. Con una cuchara y un tenedor, retire y triture la pulpa de cada mitad de calabaza; transferir a un tazón y tapar para mantener el calor. Cuando el ajo esté lo suficientemente frío para manipularlo, exprime la parte inferior de la cebolla para quitar los dientes. Triture los dientes de ajo con un tenedor. Vierta el ajo prensado en la calabaza, distribuya el ajo de manera uniforme. Para servir, vierta la salsa sobre la mezcla de calabaza.

CHILI CON CARNE DE BISONTE

TAREAS DEL HOGAR: 25 minutos Tiempo de cocción: 1 hora 10 minutos Rendimiento: 4 porciones

CHOCOLATE, CAFÉ Y CANELA SIN AZÚCARAGREGUE INTERÉS A ESTE ABUNDANTE FAVORITO. PARA UN SABOR AÚN MÁS AHUMADO, REEMPLACE EL PIMENTÓN COMÚN CON 1 CUCHARADA DE PIMENTÓN DULCE AHUMADO.

- 3 cucharadas de aceite de oliva virgen extra
- 1 libra de bisonte molido
- ½ taza de cebolla picada (1 mediana)
- 2 dientes de ajo machacados
- 2 latas de 14.5 onzas de tomates cortados en cubitos, sin sal añadida, sin escurrir
- Lata de 16 onzas de pasta de tomate sin sal
- 1 taza de caldo de hueso de res (ver receta) o caldo de res sin sal añadida
- ½ taza de café fuerte
- 2 onzas de semillas de cacao al 99 %, picadas
- 1 cucharadita de pimentón
- 1 cucharadita de comino molido
- 1 cucharadita de orégano seco
- 1½ cucharaditas de especias ahumadas (ver receta)
- ½ cucharadita de canela molida
- ⅓ taza de pepitas
- 1 cucharadita de aceite de oliva
- ½ taza de crema de marañón (ver receta)
- 1 cucharadita de jugo de limón fresco
- ½ taza de hojas de cilantro fresco

4 rodajas de lima

1. Caliente 3 cucharadas de aceite de oliva en una sartén a fuego medio. Agrega el bisonte molido, la cebolla y el ajo; cocina durante unos 5 minutos o hasta que la carne esté dorada, revolviendo con una cuchara de madera para deshacer la carne. Agregue los tomates verdes, la pasta de tomate, el caldo de hueso de res, el café, el chocolate para hornear, el pimentón, el comino, el orégano, 1 cucharadita de pimienta de Jamaica y la canela. Hervirlo; reduce el calor. Cocine a fuego lento tapado durante 1 hora, revolviendo ocasionalmente.

2. Mientras tanto, en una sartén pequeña a fuego medio, fríe las pepitas en 1 cucharadita de aceite de oliva hasta que comiencen a explotar y dorarse. Coloque las semillas de calabaza en un tazón pequeño; agrega la ½ cucharadita restante de especias ahumadas; ponte un abrigo.

3. En un tazón pequeño, mezcle la crema de anacardos y el jugo de lima.

4. Para servir, vierta el chile en tazones. Porción superior con crema de marañón, pepita y cilantro. Servir con rodajas de lima.

FILETES DE BISONTE CON ESPECIAS MARROQUÍES CON LIMONES A LA PARRILLA

TAREAS DEL HOGAR: A la parrilla 10 minutos: 10 minutos
Rinde: 4 porciones

SIRVE ESTOS BISTECS RÁPIDOS CON ENSALADA FRESCA Y CRUJIENTE DE ZANAHORIA CON ESPECIAS (VER RECETA). SI QUIERES UN CAPRICHO, PIÑA A LA PLANCHA CON CREMA DE COCO (VER RECETA) SERÍA UNA GRAN MANERA DE TERMINAR LA COMIDA.

- 2 cucharadas de canela molida
- 2 cucharadas de pimentón
- 1 cucharada de ajo en polvo
- ¼ de cucharadita de pimienta de cayena
- 4 filetes de bisonte mignon de 6 onzas, cortados en rebanadas de ¾ a 1 pulgada de grosor
- 2 limones, cortados a la mitad horizontalmente

1. En un tazón pequeño, combine la canela, el pimentón, el ajo en polvo y la pimienta de cayena. Seque los bistecs con toallas de papel. Cubre los filetes por ambos lados con la mezcla de especias.

2. Para una parrilla de carbón o gas, coloque los filetes directamente sobre la parrilla a fuego medio. Cubra y cocine a la parrilla durante 10 a 12 minutos a temperatura media (145 °F) o de 12 a 15 minutos a temperatura media (155 °F), volteándola una vez a la mitad de la cocción. Mientras tanto, coloque las mitades de limón con el lado cortado hacia abajo sobre la rejilla.

Ase a la parrilla durante 2 a 3 minutos o hasta que esté ligeramente carbonizado y jugoso.

3. Sirva con mitades de limón a la parrilla sobre los bistecs.

FILETE DE BISONTE RALLADO CON HIERBAS PROVENZALES

TAREAS DEL HOGAR:15 minutos cocción: 15 minutos salteado: 1 hora 15 minutos reposo: 15 minutos Rinde: 4 porciones

HERBES DE PROVENCE ES UNA MEZCLAHIERBAS SECAS QUE CRECEN ABUNDANTEMENTE EN EL SUR DE FRANCIA. LA MEZCLA SUELE CONTENER UNA COMBINACIÓN DE ALBAHACA, SEMILLAS DE HINOJO, LAVANDA, MEJORANA, ROMERO, SALVIA, SALVIA Y TOMILLO. DA SABOR A ESTE ASADO AMERICANO MARAVILLOSAMENTE.

1 bisonte asado de 3 libras
3 cucharadas de hierbas de Provence
4 cucharadas de aceite de oliva virgen extra
3 dientes de ajo
4 chirivías pequeñas, peladas y picadas
2 peras maduras, peladas y rebanadas
½ taza de néctar de pera sin azúcar
1 a 2 cucharaditas de tomillo fresco

1. Precaliente el horno a 375° F. Quite la grasa del hígado. En un tazón pequeño, combine las hierbas provenzales, 2 cucharadas de aceite de oliva y el ajo; untar con polvo de hornear.

2. Coloque el asado sobre una rejilla en una fuente para hornear poco profunda. Inserte un termómetro de horno en el centro del asado. * Hornee sin tapar por 15 minutos. Reduzca la temperatura del horno a 300 ° F. Hornee durante 60 a 65 minutos adicionales, o hasta

que un termómetro para carne registre 140 ° F (medio poco hecho). Cubra con papel de aluminio y deje reposar durante 15 minutos.

3. Mientras tanto, caliente las 2 cucharadas de aceite de oliva restantes en una sartén grande a fuego medio. Agrega las chirivías y las peras; cocina 10 minutos o hasta que las chirivías estén tiernas, revolviendo ocasionalmente. Agrega el néctar de pera; cocina por unos 5 minutos o hasta que la salsa espese un poco. Espolvorear con tomillo.

4. Corte el asado en rebanadas delgadas a través del grano. Servimos la carne con chirivías y peras.

*Consejo: El bisonte es muy magro y se cocina más rápido que la carne de res. Además, el color de la carne es más rojo que el de la carne de res, por lo que no puede confiar en los signos visuales para determinar el punto de cocción. Necesitará un termómetro para carne para saber cuándo la carne está lista. Un termómetro de horno es ideal, aunque no es necesario.

COSTILLAS DE BISONTE GUISADAS EN CAFE CON GREMOLATA DE MANDARINA Y PURE DE RAIZ DE APIO

TAREAS DEL HOGAR:Tiempo de cocción: 15 minutos: 2 horas 45 minutos Rendimiento: 6 porciones

LAS COSTILLAS DE BISONTE SON GRANDES Y CARNOSAS.REQUIEREN UNA BUENA COCCION A FUEGO LENTO EN LIQUIDO PARA ABLANDARSE. LA GREMOLATA CON PIEL DE MANDARINA REALZA EL SABOR DE ESTE FUERTE PLATO.

ESCABECHE
- 2 tazas de agua
- 3 tazas de café fuerte y frío
- 2 tazas de jugo de mandarina fresca
- 2 cucharadas de romero fresco cortado en tiras
- 1 cucharadita de pimienta negra molida gruesa
- 4 libras de costillas de bisonte, cortadas entre las costillas para separar

GUISO
- 2 cucharadas de aceite de oliva
- 1 cucharadita de pimienta negra
- 2 tazas de cebolla picada
- ½ taza de chalotes picados
- 6 dientes de ajo picados
- 1 chile jalapeño, sin semillas y picado (ver inclinación)
- 1 taza de café fuerte
- 1 taza de caldo de hueso de res (ver receta) o caldo de res sin sal añadida
- ¼ taza de salsa de tomate paleo (ver receta)

2 cucharadas de mostaza Dijon (ver receta)
3 cucharadas de vinagre de sidra de manzana
Puré de raíz de apio (ver receta, abajo)
mandarina gremolata (ver receta, ley)

1. Para la marinada, combine el agua, el café frío, el jugo de mandarina, el romero y la pimienta negra en un recipiente grande no reactivo (vidrio o acero inoxidable). Agrega las costillas. Si es necesario, coloque un plato sobre las costillas para mantenerlas sumergidas. Cubra y refrigere durante 4 a 6 horas, revolviendo y revolviendo una vez.

2. Para estofar, precaliente el horno a 325° F. Escurra las costillas y deseche la marinada. Seque las costillas con toallas de papel. En un horno holandés grande, caliente el aceite de oliva a fuego medio-alto. Sazone las costillas con pimienta negra. Cocine las costillas en lotes hasta que se doren por todos lados, aproximadamente 5 minutos por lote. Transferir a un plato grande.

3. Agregue la cebolla, la chalota, el ajo y el jalapeño a la olla. Reduzca el fuego a medio, cubra y cocine hasta que las verduras estén tiernas, revolviendo ocasionalmente, aproximadamente 10 minutos. Agrega el café y el caldo; revuelva y raspe los pedazos dorados. Agregue el ketchup Paleo, la mostaza Dijon y el vinagre. Cocinemos. Agrega las costillas. Cubra y transfiera al horno. Cocine hasta que la carne esté tierna, aproximadamente 2 horas y 15 minutos, revolviendo suavemente y volteando las costillas una o dos veces.

4. Transfiera las costillas a un plato; tienda de campaña con papel de aluminio para mantener el calor. Recogemos la grasa de la superficie de la salsa con una cuchara. Hervir la salsa hasta que se reduzca a 2 tazas, aproximadamente 5 minutos. Divide el puré de apio en 6 platos; Cubra con las costillas y la salsa. Espolvorear con mandarina Gremolata.

Puré de raíz de apio: En una olla grande, combine 3 libras de raíz de apio, pelada y cortada en trozos de 1 pulgada, y 4 tazas de caldo de hueso de pollo (ver<u>receta</u>) o caldo de pollo sin sal. Hervirlo; reduce el calor. Escurra la raíz de apio y reserve el caldo. Regrese la raíz de apio a la sartén. Agregue 1 cucharada de aceite de oliva y 2 cucharaditas de tomillo fresco picado. Triture la raíz de apio con un machacador de papas y agregue unas cucharadas del caldo reservado según sea necesario para alcanzar la consistencia deseada.

Mandarina Gremolata: En un tazón pequeño, combine ½ taza de perejil fresco picado, 2 cucharadas de cáscara de mandarina finamente rallada y 2 dientes de ajo picados.

CALDO DE HUESO DE RES

TAREAS DEL HOGAR:25 minutos Hornear: 1 hora Cocinar: 8 horas Rinde: 8 a 10 tazas

LOS RABOS DE BUEY DESHUESADOS HACEN UNA SOPA CON UN SABOR EXCEPCIONALMENTE RICO.QUE SE PUEDE USAR EN CUALQUIER RECETA QUE REQUIERA CALDO DE RES O SIMPLEMENTE DISFRUTARSE COMO UNA TAZA EN CUALQUIER MOMENTO DEL DÍA. AUNQUE SOLIAN PROVENIR DE UN BUEY, AHORA LOS RABOS DE TORO PROVIENEN DE UN ANIMAL DE CARNE.

5 zanahorias, picadas

5 tallos de apio, picados toscamente

2 cebollas amarillas, sin pelar, partidas a la mitad

8 onzas de champiñones blancos

1 diente de ajo, sin pelar, cortado por la mitad

2 libras de rabo de res o huesos de res

2 tomates

12 tazas de agua fría

3 hojas de laurel

1. Precaliente el horno a 400° F. Coloque las zanahorias, el apio, la cebolla, los champiñones y el ajo en una bandeja para hornear con borde grande o en una fuente para hornear poco profunda; coloque los huesos encima de las verduras. Procese los tomates en un procesador de alimentos hasta que quede suave. Extienda los tomates sobre los huesos para cubrirlos (no está bien si algo del puré gotea sobre la sartén y las verduras). Ase a la parrilla de 1 a 1½ horas o hasta que los huesos estén

dorados y las verduras caramelizadas. Transfiera los huesos y las verduras a una olla u horno de 10 a 12 cuartos. (Si parte de la mezcla de tomate se carameliza en el fondo de la sartén, agregue 1 taza de agua caliente a la sartén y raspe los trozos. Vierta el líquido sobre los huesos y las verduras y reduzca el agua en 1 taza).

2. Lleve la mezcla lentamente a ebullición a fuego medio-alto. Reduzca el calor; cubra y cocine la sopa durante 8 a 10 horas, revolviendo ocasionalmente.

3. Cuele la sopa; deseche los huesos y las verduras. sopa fresca; transfiera la sopa a recipientes de almacenamiento y refrigere hasta por 5 días; congelar hasta por 3 meses. *

Instrucciones para la olla de cocción lenta: para una olla de cocción lenta de 6 a 8 cuartos, use 1 libra de huesos de res, 3 zanahorias, 3 tallos de apio, 1 cebolla amarilla y 1 diente de ajo. Triture 1 tomate y extiéndalo sobre los huesos. Ase a la parrilla según las instrucciones, luego transfiera los huesos y las verduras a la olla de cocción lenta. Ralla los tomates caramelizados según las instrucciones y agrégalos a la olla de cocción lenta. Agrega suficiente agua para cubrir. Cubra y cocine a fuego alto hasta que la sopa comience a hervir, aproximadamente 4 horas. Reduzca el fuego a bajo; cocinamos de 12 a 24 horas. Cuele el caldo; deseche los huesos y las verduras. Almacene de acuerdo con las instrucciones.

*Consejo: Si quieres quitar fácilmente la grasa de la sopa, métela en el refrigerador durante la noche en un recipiente tapado. La grasa subirá a la parte superior y formará una capa sólida que se puede raspar fácilmente. Después de enfriar, la sopa puede espesarse.

PALETILLA DE CERDO ESPECIADA TUNECINA CON PAPAS FRITAS PICANTES

TAREAS DEL HOGAR:Hornear por 25 minutos: Hornear por 4 horas: 30 minutos Rinde: 4 porciones

ES BUENA COMIDAEN UN FRÍO DÍA DE OTOÑO. LA CARNE SE COCINA EN EL HORNO DURANTE HORAS, DEJANDO TU CASA CON UN OLOR DELICIOSO Y DÁNDOTE TIEMPO PARA HACER OTRAS COSAS. LAS BATATAS HORNEADAS NO TIENEN LA TEXTURA CRUJIENTE DE LAS PAPAS BLANCAS, PERO SON DELICIOSAS A SU MANERA, ESPECIALMENTE CUANDO SE SUMERGEN EN MAYONESA DE AJO.

CERDO
- 1 2½ a 3 libras de lomo de cerdo con hueso
- 2 cucharaditas de chiles anchos molidos
- 2 cucharaditas de comino molido
- 1 cucharadita de semillas de comino, ligeramente trituradas
- 1 cucharadita de cilantro molido
- ½ cucharadita de cúrcuma molida
- ¼ de cucharadita de canela molida
- 3 cucharadas de aceite de oliva

PAPAS FRITAS
- 4 batatas medianas (alrededor de 2 libras), peladas y cortadas en rodajas de ½ pulgada de grosor
- ½ cucharadita de pimiento rojo triturado
- ½ cucharadita de cebolla en polvo
- ½ cucharadita de ajo en polvo
- Aceite de oliva

1 cebolla, finamente picada

Paleo Alioli (mayonesa de ajo) (ver<u>receta</u>)

1. Precaliente el horno a 300° F. Quite la grasa de la carne. En un tazón pequeño, combine los chiles anchos molidos, el comino molido, las semillas de comino, el cilantro, la cúrcuma y la canela. Espolvorea la carne con la mezcla de especias; Extienda la carne de manera uniforme con los dedos.

2. En una olla resistente al horno de 5 a 6 cuartos, caliente 1 cucharada de aceite de oliva a fuego medio-alto. Freír el cerdo por todos lados en aceite caliente. Cubra y hornee durante aproximadamente 4 horas, o hasta que la carne esté muy tierna y un termómetro para carne indique 190 ° F. Retire la olla de cocción lenta del horno. Deje reposar, tapado, mientras prepara las papas fritas y las cebollas, reservando 1 cucharada de grasa en el horno holandés.

3. Aumente la temperatura del horno a 400° F. Para batatas fritas, combine las batatas, las 2 cucharadas restantes de aceite de oliva, el pimiento rojo triturado, la cebolla en polvo y el ajo en polvo en un tazón grande; ponte un abrigo. Cubra una bandeja para hornear grande o dos pequeñas con papel de aluminio; cepille con aceite de oliva extra. Extienda las batatas en una sola capa sobre las bandejas para hornear preparadas. Hornee durante unos 30 minutos o hasta que estén tiernos, volteando las batatas a la mitad de la cocción.

4. Mientras tanto, retire la carne del horno holandés; Cubra con papel de aluminio para mantener el calor. Escurra

la grasa, reservando 1 cucharada de grasa. Regrese la grasa procesada al horno holandés. Agrega las cebollas; cocine a fuego medio durante unos 5 minutos o hasta que estén tiernos, revolviendo ocasionalmente.

5. Transfiera la carne de cerdo y las cebollas a un plato para servir. Con dos tenedores, desmenuce la carne de cerdo en trozos grandes. Sirva el cerdo desmenuzado y las papas fritas con Paleo Alioli.

PALETILLA DE CERDO A LA PARRILLA CUBANA

TAREAS DEL HOGAR:15 minutos Marinado: 24 horas Asado a la parrilla: 2 horas 30 minutos Reposado: 10 minutos Rinde: 6 a 8 porciones

CONOCIDO EN EL PAÍS DE ORIGEN COMO "LECHÓN ASADO",ESTE ASADO DE CERDO SE MARINA EN UNA COMBINACIÓN DE JUGOS DE CÍTRICOS FRESCOS, ESPECIAS, PIMIENTO ROJO TRITURADO Y UNA CEBOLLA ENTERA DE AJO PICADO. COCIDO A LAS BRASAS DESPUES DE REMOJAR DURANTE LA NOCHE EN EL ADOBO, ADQUIERE UN SABOR INCREIBLE.

- 1 diente de ajo, dientes separados, pelados y picados
- 1 taza de cebolla picada gruesa
- 1 taza de aceite de oliva
- 1⅓ taza de jugo de limón fresco
- ⅔ taza de jugo de naranja fresco
- 1 cucharada de comino molido
- 1 cucharada de orégano seco, triturado
- 2 cucharaditas de pimienta negra recién molida
- 1 cucharadita de pimiento rojo triturado
- 1 paleta de cerdo asada sin hueso de 4 a 5 libras

1. Para la marinada, divida las cabezas de ajo en dientes. Pelar y picar los dientes; colocar en un tazón grande. Agregue la cebolla, el aceite de oliva, el jugo de lima, el jugo de naranja, el comino, el orégano, la pimienta negra y el pimiento rojo triturado. Mezcle bien y deje reposar.

2. Perfore profundamente el asado de cerdo por todos lados con un cuchillo para deshuesar. Coloque con cuidado el asado en la marinada, sumergiéndolo lo más posible en el líquido. Cubra el recipiente herméticamente con una envoltura de plástico. Marinar en el refrigerador por 24 horas, volteando una vez.

3. Retire el cerdo de la marinada. Vierta la marinada en una cacerola mediana. Hervirlo; cocina por 5 minutos. Retirar del fuego y dejar enfriar. Dejar de lado.

4. Para una parrilla de carbón, coloque las brasas a fuego medio alrededor de la bandeja de goteo. Pruébalo a fuego medio en una sartén. Coloque la carne en la rejilla de la parrilla sobre la sartén. Tape y cocine a la parrilla durante 2½ a 3 horas o hasta que un termómetro de lectura instantánea insertado en el centro del asado registre 140 °F. (Para una parrilla a gas, precaliente la parrilla. Reduzca el fuego a medio. Ajuste la cocción. Coloque la carne en la rejilla de la parrilla con el quemador apagado. Cubra y ase como se indica). Retire la carne de la parrilla. Cubra sin apretar con papel aluminio y deje reposar durante 10 minutos antes de rebanar o tirar.

ASADO PICANTE DE CERDO ITALIANO CON VERDURAS

TAREAS DEL HOGAR:20 minutos de horneado: 2 horas 25 minutos de reposo: 10 minutos Rendimiento: 8 porciones

"FRESCO ES MEJOR" ES UN BUEN MANTRASEGUIR CUANDO SE TRATA DE COCINAR LA MAYOR PARTE DEL TIEMPO. SIN EMBARGO, LAS HIERBAS SECAS FUNCIONAN MUY BIEN COMO CARNE PARA UNTAR. A MEDIDA QUE LAS HIERBAS SE SECAN, SU SABOR SE VUELVE MÁS CONCENTRADO. CUANDO ENTRAN EN CONTACTO CON LA HUMEDAD DE LA CARNE, LIBERAN SU AROMA EN LA CARNE, COMO EN ESTE ASADO A LA ITALIANA CON PEREJIL, HINOJO, ORÉGANO, AJO Y PIMIENTO ROJO PICADO PICANTE.

- 2 cucharadas de perejil seco, picado
- 2 cucharadas de semillas de hinojo trituradas
- 4 cucharaditas de orégano seco molido
- 1 cucharadita de pimienta negra recién molida
- ½ cucharadita de pimiento rojo triturado
- 4 dientes de ajo, picados
- 1 lomo de cerdo con hueso de 4 kilos
- 1 a 2 cucharadas de aceite de oliva
- 1¼ tazas de agua
- 2 cebollas medianas, peladas y cortadas en aros
- 1 bulbo de hinojo grande, cortado, sin semillas y cortado en cubitos
- 2 libras de coles de Bruselas

1. Precaliente el horno a 325° F. Combine el perejil, las semillas de hinojo, el orégano, la pimienta negra, el pimiento rojo molido y el ajo en un tazón pequeño;

dejar de lado. Si es necesario, equilibre el asado de cerdo. Quitar la grasa de la carne. Frote la carne por todos lados con la mezcla de especias. Si lo desea, fríalos nuevamente para mantenerlos juntos.

2. Caliente el aceite en un horno holandés a fuego medio-alto. Freír la carne por todos lados en aceite caliente. Escurra la grasa. Vierta agua alrededor de la masa en el horno holandés. Hornear sin tapar durante 1 hora y media. Coloque la cebolla y el hinojo alrededor del cerdo asado. Tape y ase por otros 30 minutos.

3. Mientras tanto, corte los tallos de las coles de Bruselas y retire las hojas exteriores marchitas. Cortar las coles de Bruselas por la mitad. Agregue las coles de Bruselas al horno holandés y colóquelas encima de las otras verduras. Tape y cocine a la parrilla durante otros 30 a 35 minutos, o hasta que las verduras y la carne estén tiernas. Coloque la carne en un plato para servir y cubra con papel aluminio. Deje reposar durante 15 minutos antes de cortar. Vierta los jugos de la sartén sobre las verduras. Con una espumadera, coloque las verduras en un plato o tazón para servir; cubrir para mantenerse caliente.

4. Usando una cuchara grande, retire la grasa del jugo. Vierta el jugo restante de la sartén a través de un colador. Cortar la carne de cerdo, quitar el hueso. Sirve la carne con las verduras y los jugos de la sartén.

SOLOMILLO DE CERDO EN OLLA DE COCCION LENTA

TAREAS DEL HOGAR:20 minutos de cocción lenta: 8 a 10 horas (bajo) o 4 a 5 horas (alto) Rinde: 8 porciones

CON COMINO, CILANTRO, ORÉGANO, TOMATE, ALMENDRAS, PASAS, GUINDILLA Y CHOCOLATE,ESTA SALSA RICA Y PICANTE TIENE UN GRAN IMPACTO EN EL BUEN SENTIDO. ES LA COMIDA PERFECTA PARA COMENZAR LA MAÑANA ANTES DE COMENZAR EL DÍA. CUANDO LLEGAS A CASA, LA CENA ESTÁ CASI LISTA Y TU CASA HUELE DE MARAVILLA.

- 1 3 libras de paleta de cerdo asada deshuesada
- 1 taza de cebolla picada gruesa
- 3 dientes de ajo, en rodajas
- 1½ tazas de caldo de hueso de res (ver receta), caldo de huesos de pollo (ver receta) o caldo de pollo o res sin sal añadida
- 1 cucharada de comino molido
- 1 cucharada de cilantro molido
- 2 cucharaditas de orégano triturado seco
- 1 lata de 15 onzas sin sal, tomates cortados en cubitos agregados, escurridos
- 16 onzas de puré de tomate sin sal añadida
- ½ taza de almendras fileteadas, tostadas (ver inclinación)
- ¼ taza de pasas sin azufre o grosellas doradas
- 2 onzas de chocolate sin azúcar (como Scharffen Berger 99% Cocoa Bar), picado en trozos grandes
- 1 chile seco o chipotle
- 2 palitos de canela de 4 pulgadas
- ¼ taza de cilantro fresco, picado

1 aguacate, pelado, sin semillas y en rodajas finas
1 lima, cortada en gajos
⅓ taza de semillas de calabaza verde tostadas sin sal (opcional) (ver<u>inclinación</u>)

1. Quite la grasa del asado de cerdo. Si es necesario, corte la carne para que quepa en una olla de cocción lenta de 5 a 6 cuartos; dejar de lado.

2. Combine la cebolla y el ajo en una olla de cocción lenta. En una taza medidora de vidrio de 2 tazas, combine el caldo de hueso de res, el comino, el cilantro y el orégano; verter en la olla. Agregue los tomates cortados en cubitos, la pasta de tomate, las almendras, las pasas, el chocolate, el chile seco y los palitos de canela. Pon la carne en la olla. Vierta un poco de la mezcla de tomate encima. Cubra y cocine a fuego lento durante 8 a 10 horas o a fuego alto durante 4 a 5 horas o hasta que el cerdo esté tierno.

3. Transfiera la carne de cerdo a la tabla de cortar; refrescarse un poco. Partir la carne en trozos con dos tenedores. Cubra la carne con papel aluminio y guárdela.

4. Retire y deseche los chiles secos y los palitos de canela. Con una cuchara grande, retire la grasa de la mezcla de tomate. Transfiera la mezcla de tomate a una licuadora o procesador de alimentos. Cubra y mezcle o procese hasta que esté casi suave. Regrese el cerdo y la salsa a la olla de cocción lenta. Mantenga caliente a fuego lento hasta que esté listo para servir, hasta 2 horas.

5. Justo antes de servir, agregue el cilantro. El mole se sirve en tazones y se adorna con rodajas de aguacate, gajos de limón y, si se desea, semillas de calabaza.

ESTOFADO DE CERDO Y CALABAZA CON COMINO

TAREAS DEL HOGAR:30 minutos tiempo de cocción: 1 hora
Rinde: 4 porciones

HOJAS DE MOSTAZA CON PIMIENTA Y MOSTAZA DE CALABAZAAGREGUE COLOR VIBRANTE Y MUCHAS VITAMINAS, FIBRA Y ÁCIDO FÓLICO A ESTE GUISO CONDIMENTADO CON SABORES DE EUROPA DEL ESTE.

1 1¼ a 1½ libras de lomo de cerdo asado
1 cucharadita de pimentón
1 cucharada de semillas de comino, finamente molidas
2 cucharaditas de mostaza seca
¼ de cucharadita de pimienta de cayena
2 cucharadas de aceite de coco refinado
8 onzas de champiñones frescos en rodajas finas
2 tallos de apio, cortados transversalmente en rodajas de 1 pulgada
1 cebolla roja pequeña, en rodajas finas
6 dientes de ajo picados
5 tazas de caldo de huesos de pollo (ver receta) o caldo de pollo sin sal añadida
2 tazas de calabaza moscada, pelada y cortada en cubitos
3 tazas de mostaza o hojas de mostaza picadas en trozos grandes
2 cucharadas de salvia fresca, cortada en tiras
¼ taza de jugo de limón fresco

1. Quite la grasa de la carne de cerdo. Corta la carne de cerdo en cubos de 1½ pulgadas; colocar en un tazón grande. En un tazón pequeño, combine el pimentón, el

comino, la mostaza seca y la pimienta de cayena. Espolvorea sobre el cerdo y revuelve para cubrir uniformemente.

2. En una olla de 4 a 5 litros, caliente el aceite de coco a fuego medio. Agrega la mitad de la carne; cocine, revolviendo ocasionalmente, hasta que se dore. Retire la carne de la sartén. Repita con la carne restante. Reserva la carne.

3. Agregue los champiñones, el apio, la cebolla roja y el ajo al horno holandés. Cocine por 5 minutos, revolviendo ocasionalmente. Regrese la carne al horno holandés. Vierta con cuidado el caldo de hueso de pollo. Hervirlo; reduce el calor. Tape y cocine a fuego lento durante 45 minutos. Agrega la calabaza. Cubra y cocine por otros 10 a 15 minutos, o hasta que el cerdo y la calabaza estén tiernos. Agregue hojas de mostaza y salvia. Cocine durante 2 a 3 minutos o hasta que las verduras estén tiernas. Agregue jugo de limón.

TOP SOLOMILLO RELLENO DE FRUTAS CON SALSA DE BRANDY

TAREAS DEL HOGAR:30 minutos cocción: 10 minutos horneado: 1 hora y 15 minutos tiempo de reposo: 15 minutos Rendimiento: 8 a 10 porciones

ESTE ASADO ELEGANTE ES IDEAL PARAOCASIONES ESPECIALES O REUNIONES FAMILIARES, ESPECIALMENTE EN OTOÑO. SUS SABORES (MANZANA, NUEZ MOSCADA, FRUTOS SECOS Y NUECES) CAPTURAN LA ESENCIA DE ESTA TEMPORADA. SERVIDO CON PURÉ DE CAMOTE CON ARÁNDANOS Y ENSALADA DE REMOLACHA ASADA (VER<u>RECETA</u>).

CARNE ASADA
- 1 cucharada de aceite de oliva
- 2 tazas de manzanas Granny Smith peladas y cortadas en cubitos (alrededor de 2 medianas)
- 1 chalota finamente picada
- 1 cucharada de tomillo fresco, cortado en tiras
- ¾ cucharadita de pimienta negra recién molida
- ⅛ cucharadita de nuez moscada molida
- ½ taza de albaricoques secos picados sin sulfurar
- ¼ taza de nueces picadas, tostadas (ver<u>inclinación</u>)
- 1 taza de caldo de huesos de pollo (ver<u>receta</u>) o caldo de pollo sin sal añadida
- 1 lomo de cerdo asado deshuesado y deshuesado de 3 libras (filete regular)

SALSA DE BRANDY

2 cucharadas de sidra de manzana

2 cucharadas de brandy

1 cucharadita de mostaza Dijon (ver<u>receta</u>)

pimienta negra recién molida

1. Para el relleno, caliente el aceite de oliva en una sartén grande a fuego medio. Agregue manzanas, chalotes, tomillo, ¼ de cucharadita de pimienta y nuez moscada; cocine, revolviendo ocasionalmente, de 2 a 4 minutos o hasta que las manzanas y los chalotes estén suaves y ligeramente dorados. Agregue los albaricoques, las nueces y 1 cucharada de caldo. Cocine, sin tapar, durante 1 minuto para ablandar los albaricoques. Retirar del fuego y dejar de lado.

2. Precaliente el horno a 325° F. Corte el asado de cerdo a lo largo del centro del asado y corte ½ pulgada del otro lado. Extiende el asado. Coloque el cuchillo en el corte en V de manera que quede horizontal a un lado de la V y corte ½ pulgada del costado. Repita en el otro lado de la letra V. Desenvuelva el asado y cubra con una envoltura de plástico. Trabajando desde el centro hacia los bordes, golpee el asado con un mazo de carne hasta que tenga un grosor de aproximadamente ¾ de pulgada. Retire y deseche la envoltura de plástico. Extienda el relleno sobre el asado. Comience por el lado más corto y enrolle el asado en espiral. Ate en varios lugares con hilo de cocina 100% algodón para mantener unido el asado. Espolvorea la ½ cucharadita de pimienta restante sobre el asado.

3. Coloque el asado sobre una rejilla en una fuente para hornear poco profunda. Inserte un termómetro de horno en el centro del asado (no en el relleno). Hornee sin tapar durante 1 hora 15 minutos a 1 hora 30 minutos o hasta que un termómetro registre 145 ° F. Retire el asado y cúbralo sin apretar con papel aluminio; dejar reposar 15 minutos antes de cortar.

4. Mientras tanto, para la salsa de brandy, revuelva el caldo restante y la sidra de manzana en la grasa de la sartén, revolviendo para raspar los trozos dorados. Colar la grasa en una cacerola mediana. Hervirlo; cocina durante unos 4 minutos o hasta que la salsa se reduzca en un tercio. Añadir el brandy y la mostaza Dijon. Sazone al gusto con pimienta adicional. Servimos la salsa con cerdo asado.

CERDO ASADO AL ESTILO PORCHETTA

TAREAS DEL HOGAR:15 minutos Marinado: Descanso durante la noche: 40 minutos Horneado: 1 hora Rendimiento: 6 porciones

PORCHETTA TRADICIONAL ITALIANA(A VECES DELETREADO PORKETTA EN INGLÉS ESTADOUNIDENSE) ES UNA PECHUGA DESHUESADA RELLENA CON AJO, HINOJO, PIMIENTA Y HIERBAS COMO SALVIA O ROMERO, LUEGO ENSARTADA Y ASADA SOBRE LEÑA. TAMBIÉN TIENDE A SER MUY SALADO. ESTA VERSIÓN PALEO ES SIMPLIFICADA Y MUY SABROSA. SI LO DESEA, REEMPLACE LA SALVIA CON ROMERO FRESCO O USE UNA MEZCLA DE AMBAS HIERBAS.

- 1 asado de cerdo deshuesado de 2 a 3 libras
- 2 cucharadas de semillas de hinojo
- 1 cucharadita de granos de pimienta negra
- ½ cucharadita de pimiento rojo triturado
- 6 dientes de ajo picados
- 1 cucharada de cáscara de naranja finamente rallada
- 1 cucharada de salvia fresca, cortada en tiras
- 3 cucharadas de aceite de oliva
- ½ taza de vino blanco seco
- ½ taza de caldo de huesos de pollo (ver receta) o caldo de pollo sin sal añadida

1. Retire el cerdo asado del refrigerador; Deje reposar durante 30 minutos a temperatura ambiente. Mientras tanto, en una sartén pequeña a fuego medio, revolviendo con frecuencia, tueste las semillas de hinojo durante unos 3 minutos, o hasta que se oscurezcan y

estén fragantes; Frío. Transfiera a un molinillo de especias limpio o molinillo de café. Añadir las bolitas de pimiento y el pimiento rojo molido. Moler hasta obtener una consistencia medianamente fina. (No muela hasta convertirlo en polvo.)

2. Precaliente el horno a 325° F. En un tazón pequeño, mezcle las especias molidas, el ajo, la cáscara de naranja, la salvia y el aceite de oliva para hacer una pasta. Coloque el cerdo asado sobre una rejilla en una asadera pequeña. Cepille la mezcla sobre el cerdo. (Si lo desea, coloque la carne de cerdo sazonada en una fuente para hornear de vidrio de 9" x 13" x 2". Cubra con una envoltura de plástico y deje marinar durante la noche en el refrigerador. Antes de hornear, transfiera la carne a la fuente para hornear y déjela reposar a temperatura ambiente durante 30 minutos antes de cocinar. .)

3. Ase el cerdo durante 1 a 1½ horas, o hasta que un termómetro insertado en el centro del asado registre 145° F. Transfiera el asado a una tabla para cortar y cúbralo sin apretar con papel de aluminio. Deje reposar de 10 a 15 minutos antes de rebanar.

4. Mientras tanto, vierta los jugos de la sartén en una taza medidora de vidrio. Recorte la grasa de la parte superior; dejar de lado. Coloque la sartén en el quemador de la estufa. Vierta el vino y el caldo de pollo en la sartén. Llevar a ebullición a fuego medio-alto, revolviendo para raspar los trozos dorados. Cocine por unos 4 minutos o hasta que la mezcla se reduzca

ligeramente. Agregue los jugos de la sartén reservados; Presión. Cortar la carne de cerdo en rodajas y servir con la salsa.

CHULETA DE CERDO ESTOFADA CON TOMATILLO

TAREAS DEL HOGAR:40 minutos cocción: 10 minutos cocción: 20 minutos cocción: 40 minutos reposo: 10 minutos: 6 a 8 porciones

LOS TOMATILLOS TIENEN UNA CAPA PEGAJOSA Y CON QUESOBAJO SU PIEL DE PAPEL. DESPUÉS DE QUITAR LAS CÁSCARAS, ENJUÁGALAS RÁPIDAMENTE CON AGUA CORRIENTE Y ESTARÁN LISTAS PARA USAR.

- 1 libra de tomates, pelados, despalillados y lavados
- 4 chiles serranos, despalillados, sin semillas y partidos por la mitad (ver_inclinación_)
- 2 jalapeños, sin tallo, sin semillas y cortados por la mitad (ver_inclinación_)
- 1 pimiento amarillo grande, sin tallo, sin semillas y cortado por la mitad
- 1 pimiento naranja grande, sin tallo, sin semillas y cortado por la mitad
- 2 cucharadas de aceite de oliva
- 1 2 a 2 ½ libras de asado de cerdo deshuesado
- 1 cebolla amarilla grande, pelada, cortada por la mitad y en rodajas finas
- 4 dientes de ajo, picados
- ¾ taza de agua
- ¼ taza de jugo de limón fresco
- ¼ taza de cilantro fresco, picado

1. Precaliente la parrilla a fuego alto. Cubra la fuente para hornear con papel de aluminio. Coloque los tomates, los chiles serranos, los jalapeños y los pimientos en la bandeja para hornear preparada. Ase las verduras a 4

pulgadas del fuego hasta que estén bien carbonizadas, volteando los tomates de vez en cuando y retirando las verduras cuando estén carbonizadas, de 10 a 15 minutos. Coloque el serrano, los jalapeños y los tomates en un tazón. Coloca el pimiento dulce en un plato. Deje las verduras a un lado para que se enfríen.

2. En una sartén grande, caliente el aceite a fuego medio-alto hasta que brille. Seque el cerdo asado con toallas de papel limpias y agréguelo a la sartén. Hornee hasta que estén dorados por todos lados para que los asados se tuesten uniformemente. Transferir el asado a un plato. Reduzca el fuego a medio. Agrega la cebolla a la sartén; cocine y revuelva durante 5 a 6 minutos o hasta que estén doradas. Agrega el ajo; cocina por 1 minuto más. Retire la sartén del fuego.

3. Precaliente el horno a 350° F. Para la salsa de tomatillo, mezcle los tomates, los serranos y los jalapeños en un procesador de alimentos o licuadora. Cubra y mezcle o procese hasta que quede suave; añadir a la cebolla en la sartén. Calentar la sartén de nuevo. Hervirlo; cocina de 4 a 5 minutos o hasta que la mezcla esté oscura y espesa. Agrega el agua, el jugo de limón y el cilantro.

4. Extienda la salsa de tomatillo en una fuente para horno poco profunda o en una fuente para horno rectangular de 3 litros. Agregue el cerdo asado a la salsa. Cubra bien con papel de aluminio. Hornee durante 40 a 45 minutos o hasta que un termómetro de lectura instantánea insertado en el centro del asado indique 140 °F.

5. Cortar el pimiento en tiras. Agregue la salsa de tomatillo a la sartén. Guárdelo suelto con papel de aluminio; dejar reposar por 10 minutos. Cortar la carne; agregue la salsa. Sirva la carne de cerdo rebanada cubierta con salsa de tomatillo.

CHULETA DE CERDO RELLENA DE ALBARICOQUES

TAREAS DEL HOGAR:20 minutos horneado: 45 minutos reposo: 5 minutos Rinde: 2 a 3 porciones

- 2 albaricoques frescos de tamaño mediano, picados en trozos grandes
- 2 cucharadas de pasas sin azufre
- 2 cucharadas de nueces picadas
- 2 cucharaditas de jengibre fresco rallado
- ¼ de cucharadita de cardamomo molido
- 1 lomo de cerdo de 12 onzas
- 1 cucharada de aceite de oliva
- 1 cucharada de mostaza Dijon (ver<u>receta</u>)
- ¼ cucharadita de pimienta negra

1. Precaliente el horno a 375° F. Cubra la bandeja para hornear con papel de aluminio; coloque una rejilla para hornear en la bandeja para hornear.

2. En un tazón pequeño, combine los albaricoques, las pasas, las nueces, el jengibre y el cardamomo.

3. Haga un corte longitudinal en el centro del cerdo cortando ½ pulgada del otro lado. mariposa para abrir Coloque la carne de cerdo entre dos capas de film transparente. Usando el lado plano de un mazo para carne, golpee ligeramente la carne hasta que tenga un grosor de 1/3 de pulgada. Dobla el extremo de la cola para formar un rectángulo parejo. Perfore la carne ligeramente para que quede uniforme.

4. Extienda la mezcla de albaricoque sobre el cerdo. Comience en el extremo angosto y enrolle la carne de cerdo. Ate con hilo de cocina 100% algodón, primero en el medio y luego a intervalos de 1 cm. Coloque el asado en la parrilla.

5. Mezcle el aceite de oliva y la mostaza Dijon; frotar el asado. Espolvorea el asado con pimienta. Hornee durante 45 a 55 minutos, o hasta que un termómetro de lectura instantánea insertado en el centro del asado registre 140 ° F. Deje reposar durante 5 a 10 minutos antes de rebanar.

BISTEC DE CERDO EN COSTRA DE HIERBAS CON ACEITE DE AJO CRUJIENTE

TAREAS DEL HOGAR:15 minutos horneado: 30 minutos cocción: 8 minutos reposo: 5 minutos Rinde: 6 porciones

⅓ taza de mostaza Dijon (ver<u>receta</u>)

¼ taza de perejil fresco picado

2 cucharadas de tomillo fresco, cortado en tiras

1 cucharada de romero fresco, cortado en tiras

½ cucharadita de pimienta negra

2 lomos de cerdo, 12 oz cada uno

½ taza de aceite de oliva

¼ taza de ajo fresco picado

¼ a 1 cucharadita de pimiento rojo triturado

1. Precaliente el horno a 450° F. Cubra una bandeja para hornear con papel de aluminio; coloque una rejilla para hornear en la bandeja para hornear.

2. En un tazón pequeño, mezcle la mostaza, el perejil, el tomillo, el romero y la pimienta negra para hacer una pasta. Frote la parte superior y los lados del cerdo con una mezcla de mostaza y hierbas. Transfiera el cerdo a la parrilla para dorar. Coloque el asado en el horno; reduzca el calor a 375°F. Hornee durante 30 a 35 minutos, o hasta que un termómetro de lectura instantánea insertado en el centro del asado registre 140 ° F. Deje reposar durante 5 a 10 minutos antes de rebanar.

3. Mientras tanto, para el aceite de ajo, combine el aceite de oliva y el ajo en una cacerola pequeña. Cocine a fuego medio-bajo durante 8 a 10 minutos, o hasta que el ajo esté dorado y comience a crujir (no deje que el ajo se queme). Alejar del calor; agregar pimienta roja molida. Rebana la carne de cerdo; vierta aceite de ajo sobre las rebanadas antes de servir.

CERDO ESPECIADO INDIO CON SALSA DE COCO

DE PRINCIPIO A FIN:Rendimiento 20 minutos: 2 comidas

- 3 cucharaditas de curry
- 2 cucharaditas de garam masala sin sal
- 1 cucharadita de comino molido
- 1 cucharadita de cilantro molido
- 1 lomo de cerdo de 12 onzas
- 1 cucharada de aceite de oliva
- ½ taza de leche de coco regular (como la marca Nature's Way)
- ¼ taza de cilantro fresco, picado
- 2 cucharadas de menta fresca picada

1. En un tazón pequeño, mezcle 2 cucharaditas de curry en polvo, garam masala, comino y cilantro. Corta la carne de cerdo en rebanadas de ½ pulgada; espolvorear con especias. .

2. Caliente el aceite de oliva en una sartén grande a fuego medio. Agrega las chuletas de cerdo a la sartén; cocine por 7 minutos, volteando una vez. Retire el cerdo de la sartén; cubrir para mantenerse caliente. Para la salsa, agregue la leche de coco y la cucharadita restante de curry en polvo a la sartén y revuelva para raspar cualquier trozo. Cocine a fuego lento durante 2 a 3 minutos. Agrega el cilantro y la menta. Agrega la carne de cerdo; cocine hasta que se caliente, vierta la salsa sobre el cerdo.

ESCALOPINI DE CERDO CON MANZANAS Y CASTAÑAS PICANTES

TAREAS DEL HOGAR:20 minutos tiempo de cocción: 15 minutos
Rendimiento: 4 porciones

- 2 lomos de cerdo, 12 oz cada uno
- 1 cucharada de cebolla en polvo
- 1 cucharada de ajo en polvo
- ½ cucharadita de pimienta negra
- 2 a 4 cucharadas de aceite de oliva
- 2 manzanas Fuji o Pink Lady, peladas, sin corazón y picadas
- ¼ taza de chalotes finamente picados
- ¾ cucharadita de canela molida
- ⅛ cucharadita de clavo molido
- ⅛ cucharadita de nuez moscada molida
- ½ taza de caldo de huesos de pollo (ver receta) o caldo de pollo sin sal añadida
- 2 cucharadas de jugo de limón fresco
- ½ taza de castañas asadas sin cáscara, picadas* o nueces picadas
- 1 cucharada de salvia fresca, cortada en tiras

1. Cortar la rodaja en rodajas de ½ pulgada de grosor. Coloque las rebanadas de cerdo entre dos capas de envoltura de plástico. Golpee con el lado plano de un mazo de carne hasta que quede suave. Espolvorea las rodajas con cebolla en polvo, ajo en polvo y pimienta negra.

2. Caliente 2 cucharadas de aceite de oliva en una sartén grande a fuego medio. Cocine la carne de cerdo en lotes

durante 3 a 4 minutos, volteándola una vez y agregando aceite según sea necesario. Transfiera la carne de cerdo a un plato; cubra y mantenga caliente.

3. Aumente el fuego a medio-alto. Agregue las manzanas, los chalotes, la canela, los clavos y la nuez moscada. Cocine y revuelva durante 3 minutos. Agregue el caldo de hueso de pollo y el jugo de limón. Tape y cocine por 5 minutos. Alejar del calor; agregue las castañas y la salvia. Sirva la mezcla de manzana con el cerdo.

*Nota: Para asar las castañas, precaliente el horno a 400° F. Marque una X en un lado de la cáscara de la castaña, esto permitirá que la cáscara se afloje durante la cocción. Coloque las castañas en una bandeja para hornear y hornee por 30 minutos o hasta que la cáscara se separe de la nuez y las nueces estén blandas. Envuelve la castaña asada en un paño de cocina limpio. Pelar las pieles de color blanco amarillento y la cáscara de nuez.

FAJITAS DE CERDO FRITAS

TAREAS DEL HOGAR:Tiempo de cocción: 20 minutos: 22 minutos Rinde: 4 porciones

1 libra de lomo de cerdo, cortado en tiras de 2 pulgadas

3 cucharadas de condimento para fajitas sin sal o condimento mexicano (ver receta)

2 cucharadas de aceite de oliva

1 cebolla pequeña, finamente picada

½ pimiento rojo, sin semillas y en rodajas finas

½ pimiento naranja dulce, sin semillas y en rodajas finas

1 jalapeño, sin tallo y en rodajas finas (ver inclinación) (Opcional)

½ cucharadita de semillas de comino

1 taza de champiñones frescos en rodajas finas

3 cucharadas de jugo de limón fresco

½ taza de cilantro fresco, cortado en tiras

1 aguacate, pelado y cortado en cubitos

Salsa deseada (ver recetas)

1. Espolvoree 2 cucharadas de condimento para fajitas sobre la carne de cerdo. Caliente 1 cucharada de aceite en una sartén muy grande a fuego medio-alto. Agrega la mitad del cerdo; cocine y revuelva durante aproximadamente 5 minutos o hasta que ya no esté rosado. Transfiera la carne a un tazón y cubra para mantener el calor. Repita con el resto del aceite y la carne de cerdo.

2. Ajuste la temperatura a media. Agregue la cucharada restante de condimento para fajitas, la cebolla, el

pimiento, el jalapeño y el comino. Cocine y revuelva durante unos 10 minutos o hasta que las verduras estén tiernas. Regrese toda la carne y los jugos acumulados a la sartén. Agregue los champiñones y el jugo de limón. Cocine hasta que esté completamente caliente. Retire la sartén del fuego; agrega cilantro. Servir con aguacate y la salsa deseada.

FILETE DE CERDO CON OPORTO Y CIRUELAS PASAS

TAREAS DEL HOGAR:10 minutos horneado: 12 minutos reposo: 5 minutos Rendimiento: 4 porciones

EL OPORTO ES UN VINO GENEROSO,LO QUE SIGNIFICA QUE SE AGREGA UN AGUARDIENTE SIMILAR AL BRANDY PARA DETENER EL PROCESO DE FERMENTACIÓN. ESTO SIGNIFICA QUE CONTIENE MÁS AZÚCAR RESIDUAL QUE EL VINO TINTO DE MESA Y POR LO TANTO TIENE UN SABOR MÁS DULCE. NO ES ALGO QUE QUIERAS BEBER TODOS LOS DÍAS, PERO UNA PEQUEÑA INFUSIÓN OCASIONAL ESTÁ BIEN.

- 2 lomos de cerdo, 12 oz cada uno
- 2½ cucharaditas de cilantro molido
- ¼ cucharadita de pimienta negra
- 2 cucharadas de aceite de oliva
- 1 chalote, en rodajas
- ½ taza de oporto
- ½ taza de caldo de huesos de pollo (ver receta) o caldo de pollo sin sal añadida
- 20 ciruelas secas sin hueso
- ½ cucharadita de pimiento rojo triturado
- 2 cucharaditas de estragón fresco cortado en tiras

1. Precaliente el horno a 400° F. Espolvoree la carne de cerdo con 2 cucharaditas de cilantro y pimienta negra.

2. Caliente el aceite de oliva en una sartén grande apta para horno a fuego medio-alto. Agregue los filetes a la sartén. Cocine hasta que se dore por todos lados, uniformemente, unos 8 minutos. Coloque la sartén en el

horno. Ase a la parrilla, sin tapar, durante aproximadamente 12 minutos, o hasta que un termómetro de lectura instantánea insertado en el centro del asado registre 140 ° F. Transfiera los filetes a una tabla para cortar. Cubra sin apretar con papel aluminio y deje reposar durante 5 minutos.

3. Mientras tanto, vierta la grasa de la sartén sobre la salsa, reservando 1 cucharada. Cocine los chalotes en la grasa reservada en una sartén a fuego medio durante unos 3 minutos o hasta que estén dorados y suaves. Agregue el oporto a la sartén. Llevar a ebullición y revolver para raspar cualquier trozo dorado. Agregue el caldo de hueso de pollo, las ciruelas pasas, el pimiento rojo triturado y la ½ cucharadita restante de cilantro. Cocine a fuego medio-alto hasta que se reduzca ligeramente, alrededor de 1 a 2 minutos. Añadir estragón.

4. Cortar la carne de cerdo en rodajas y servir con ciruelas pasas y salsa.

TAZAS DE CERDO ESTILO MOO SHU SOBRE ENSALADA VERDE CON VEGETALES EN ESCABECHE RÁPIDO

DE PRINCIPIO A FIN: 45 minutos rendimiento: 4 porciones

SI HAS COMIDO EL PLATO TRADICIONAL MOO SHU EN UN RESTAURANTE CHINO, SABES QUE ES UN SABROSO RELLENO DE CARNE Y VEGETALES SERVIDO EN PANQUEQUES DELGADOS CON UNA SALSA DULCE DE CIRUELA O HOISIN. ESTA VERSIÓN PALEO MÁS LIGERA Y FRESCA INCLUYE CARNE DE CERDO, BOK CHOY Y CHAMPIÑONES SHIITAKE SALTEADOS CON JENGIBRE Y AJO, SERVIDOS EN LECHUGA CON VERDURAS CRUJIENTES EN ESCABECHE.

VEGETALES EN ESCABECHE
  1 taza de zanahorias picadas
  1 taza de rábanos daikon en juliana
  ¼ taza de cebolla roja picada
  1 taza de jugo de manzana sin azúcar
  ½ taza de vinagre de sidra de manzana

CERDO
  2 cucharadas de aceite de oliva o aceite de coco refinado
  3 huevos, ligeramente batidos
  8 onzas de lomo de cerdo, cortado en tiras de 2 x ½ pulgada
  2 cucharaditas de jengibre fresco molido
  4 dientes de ajo, picados
  2 tazas de repollo napa en rodajas finas
  1 taza de hongos shiitake en rodajas finas
  ¼ de taza de hinojo en rodajas finas

8 hojas de lechuga Boston

1. Para un encurtido rápido, combine las zanahorias, el daikon y la cebolla en un tazón grande. Para el glaseado, caliente el jugo de manzana y el vinagre en una sartén hasta que suba el vapor. Vierta el barniz sobre las verduras en el bol; Cubrir y refrigerar hasta servir.

2. Caliente 1 cucharada de aceite en una sartén grande a fuego medio-alto. Batir los huevos ligeramente con un batidor. Agrega los huevos a la sartén; cocine sin revolver hasta que el fondo esté firme, aproximadamente 3 minutos. Voltee los huevos con cuidado con una espátula flexible y cocine del otro lado. Retire los huevos de la sartén y colóquelos en un tazón.

3. Vuelva a calentar la sartén; agregue 1 cucharada de aceite restante. Agregue los fideos de cerdo, el jengibre y el ajo. Cocine y revuelva a fuego medio-alto durante aproximadamente 4 minutos o hasta que el cerdo esté rosado. Agrega el repollo y los champiñones; cocine y revuelva durante aproximadamente 4 minutos, o hasta que el repollo se ablande, los champiñones estén tiernos y el cerdo esté completamente cocido. Retire la sartén del fuego. Cortar el huevo cocido en tiras. Doble suavemente las tiras de huevo y las cebolletas en la mezcla de carne de cerdo. Sirva sobre hojas de ensalada y cubra con verduras en escabeche.

CHULETAS DE CERDO CON NUECES DE MACADAMIA, SALVIA, HIGOS Y PURE DE BONIATO

TAREAS DEL HOGAR:15 minutos Tiempo de cocción: 25 minutos Rinde: 4 porciones

EN COMBINACION CON PURE DE BONIATO,ESTAS SUCULENTAS CHULETAS CUBIERTAS DE SALVIA SON LA COMIDA PERFECTA PARA EL OTOÑO Y SE PREPARAN RAPIDAMENTE, LO QUE LAS HACE PERFECTAS PARA UNA SEMANA OCUPADA.

- 4 chuletas de cerdo deshuesadas, cortadas en rebanadas gruesas de 1¼ de pulgada
- 3 cucharadas de salvia fresca, cortada en tiras
- ¼ cucharadita de pimienta negra
- 3 cucharadas de aceite de macadamia
- 2 libras de batatas, peladas y cortadas en trozos de 1 pulgada
- ¾ taza de nueces de macadamia picadas
- ½ taza de higos secos picados
- ⅓ taza de caldo de hueso de res (ver_receta_) o caldo de res sin sal añadida
- 1 cucharada de jugo de limón fresco

1. Espolvorea las chuletas de cerdo con 2 cucharadas de salvia y pimienta por ambos lados; frota tus dedos. Caliente 2 cucharadas de aceite en una sartén grande a fuego medio. Agrega los bistecs a la sartén; cocina de 15 a 20 minutos o hasta que esté cocido (145 °F), volteándolo una vez a la mitad de la cocción. Transfiera las chuletas a un plato; cubrir para mantenerse caliente.

2. Mientras tanto, combine las batatas y suficiente agua para cubrir en una olla grande. Hervirlo; reduce el calor. Tape y cocine durante 10 a 15 minutos o hasta que las papas estén tiernas. Escurrir las papas. Agrega la cucharada restante de aceite de macadamia a las papas y tritúralas hasta que estén cremosas; mantener caliente.

3. Para la salsa, agregue las nueces de macadamia a la sartén; cocina a fuego medio hasta que esté tostado. Agrega los higos secos y la cucharada restante de salvia; cocina por 30 segundos. Agregue el caldo de hueso de res y el jugo de limón a la sartén y revuelva para raspar los trozos dorados. Vierta la salsa sobre las chuletas de cerdo y sirva con puré de camote.

CHULETAS DE CERDO AL HORNO CON ROMERO Y LAVANDA, CON UVAS Y NUECES TOSTADAS

TAREAS DEL HOGAR:Cocción 10 minutos: Asar a la parrilla 6 minutos: 25 minutos Rinde: 4 porciones

FREÍR LAS UVAS JUNTO CON LAS CHULETAS DE CERDO.REALZA SU SABOR Y DULZURA. COMBINADOS CON NUECES TOSTADAS CRUJIENTES Y UN TOQUE DE ROMERO FRESCO, SON UNA GRAN ADICIÓN A ESTAS ABUNDANTES CHULETAS.

- 2 cucharadas de romero fresco cortado en tiras
- 1 cucharada de lavanda fresca picada
- ½ cucharadita de ajo en polvo
- ½ cucharadita de pimienta negra
- 4 chuletas de cerdo, cortadas de 1 ¼ pulgadas de grosor (alrededor de 3 libras)
- 1 cucharada de aceite de oliva
- 1 chalote grande, en rodajas finas
- 1½ tazas de uvas rojas y/o verdes sin semillas
- ½ taza de vino blanco seco
- ¾ taza de nueces picadas gruesas
- Romero recién picado

1. Precaliente el horno a 375° F. En un tazón pequeño, combine 2 cucharadas de romero, lavanda, ajo en polvo y pimienta. Frote la mezcla de hierbas uniformemente en las chuletas de cerdo. En una sartén muy grande apta para horno, caliente el aceite de oliva a fuego medio. Agrega los bistecs a la sartén; cocina de 6 a 8 minutos o

hasta que se dore por ambos lados. Transfiera las chuletas a un plato; cubra con papel de aluminio.

2. Agregue los chalotes a la sartén. Cocine y revuelva a fuego medio durante 1 minuto. Agrega las uvas y el vino. Cocine durante unos 2 minutos más, revolviendo para raspar los trozos dorados. Regrese las chuletas de cerdo a la sartén. Coloque la cacerola en el horno; asa a la parrilla de 25 a 30 minutos o hasta que las chuletas estén cocidas (145 °F).

3. Mientras tanto, coloque las nueces en una fuente para horno poco profunda. Añadir al horno con chuletas. Ase a la parrilla durante unos 8 minutos o hasta que esté tostado, volteándolo una vez para una cocción uniforme.

4. Para servir, cubra la chuleta de cerdo con uvas y nueces tostadas. Espolvorear con romero fresco.

CHULETAS DE CERDO A LA FIORENTINA CON RABE DE BRÓCOLI ASADO

TAREAS DEL HOGAR:20 minutos asar a la parrilla: 20 minutos marinar: 3 minutos rendimiento: 4 porcionesFOTO

"AHÍ FLORENCIA"BÁSICAMENTE SIGNIFICA "AL ESTILO DE FLORENCIA". ESTA RECETA SIGUE EL MODELO DE BISTECCA ALLA FIORENTINA, UN ASADO DE COSTILLA TOSCANO AL HORNO DE LEÑA CON LOS SABORES MÁS SIMPLES, GENERALMENTE SOLO ACEITE DE OLIVA, SAL, PIMIENTA NEGRA Y UN CHORRITO DE LIMÓN FRESCO PARA TERMINAR.

- 1 libra de brócoli rabe
- 1 cucharada de aceite de oliva
- 4 chuletas de cerdo con hueso de 6 a 8 onzas, cortadas en rebanadas de 1 ½ a 2 pulgadas de grosor
- pimienta negra molida gruesa
- 1 limón
- 4 dientes de ajo, en rodajas finas
- 2 cucharadas de romero fresco cortado en tiras
- 6 hojas de salvia fresca, picadas
- 1 cucharadita de hojuelas de pimiento rojo triturado (o al gusto)
- ½ taza de aceite de oliva

1. Blanquear el brócoli en una cacerola grande con agua hirviendo durante 1 minuto. Transfiera inmediatamente a un recipiente con agua helada. Después de enfriar, deje que el brócoli se escurra en una bandeja para hornear forrada con toallas de papel y

seque tanto como sea posible con más toallas de papel. Retire las toallas de papel de la sartén. Rocíe el brócoli rabe con 1 cucharada de aceite de oliva, revuelva para cubrir; reservar hasta que esté listo para asar.

2. Espolvorea las chuletas de cerdo por ambos lados con pimienta molida gruesa; dejar de lado. Retire la ralladura del limón con un pelador de verduras (guarde el limón para usarlo más adelante). En un plato grande, coloque tiras de ralladura de limón, ajo picado, romero, salvia y pimiento rojo triturado; dejar de lado.

3. Para una parrilla de carbón, mueva la mayoría de las brasas a un lado de la parrilla y mantenga algunas brasas debajo del otro lado de la parrilla. Freír las chuletas directamente sobre las brasas durante 2 a 3 minutos o hasta que se forme una costra dorada. Voltee las chuletas y fríalas por el otro lado durante otros 2 minutos. Mueva las chuletas al otro lado de la parrilla. Cubra y cocine a la parrilla durante 10 a 15 minutos o hasta que esté listo (145°F). (Para la parrilla de gas, precaliente la parrilla; reduzca el fuego en un lado de la parrilla a medio. Cocine las chuletas como se indica arriba a fuego alto. Mueva al lado de la parrilla a fuego medio; continúe como se indica arriba).

4. Transfiera las chuletas a un plato. Rocíe ½ taza de aceite de oliva sobre las chuletas y voltéelas para cubrirlas por ambos lados. Antes de servir, marina las chuletas durante 3 a 5 minutos, volteándolas una o dos veces para impregnar la carne con los sabores de la ralladura de limón, el ajo y las hierbas.

5. Mientras las chuletas descansan, asa el brócoli hasta que esté ligeramente carbonizado y bien caliente. Coloque el rabe de brócoli en un plato con las chuletas de cerdo; vierta un poco de la marinada sobre cada bistec y brócoli antes de servir.

CHULETAS DE CERDO RELLENAS DE ESCAROLA

TAREAS DEL HOGAR: Tiempo de cocción: 20 minutos: 9 minutos
Rinde: 4 porciones

LA ESCAROLA SE PUEDE DISFRUTAR COMO ENSALADA VERDE. O LIGERAMENTE ASADO CON AJO EN ACEITE DE OLIVA COMO GUARNICIÓN RÁPIDA. AQUÍ, COMBINADOS CON ACEITE DE OLIVA, AJO, PIMIENTA NEGRA, PIMIENTO ROJO TRITURADO Y LIMÓN, FORMAN UN MARAVILLOSO RELLENO DE COLOR VERDE PÁLIDO PARA JUGOSAS CHULETAS DE CERDO ASADAS.

- 4 chuletas de cerdo con hueso de 6 a 8 onzas, cortadas con un grosor de 3/4 de pulgada
- ½ escarola mediana, finamente picada
- 4 cucharadas de aceite de oliva
- 1 cucharada de jugo de limón fresco
- ¼ cucharadita de pimienta negra
- ¼ de cucharadita de pimiento rojo molido
- 2 dientes de ajo grandes, picados
- Aceite de oliva
- 1 cucharada de salvia fresca, cortada en tiras
- ¼ cucharadita de pimienta negra
- ⅓ taza de vino blanco seco

1. Con un cuchillo de cocina, cree un bolsillo profundo, de aproximadamente 2 pulgadas de ancho, en el lado curvo de cada chuleta de cerdo; dejar de lado.

2. En un tazón grande, combine las endibias, 2 cucharadas de aceite de oliva, jugo de limón, ¼ de cucharadita de

pimienta negra, pimiento rojo molido y ajo. Rellenar cada chuleta con una cuarta parte de la mezcla. Pincelar las chuletas con aceite de oliva. Espolvorea salvia y ¼ de cucharadita de pimienta negra molida.

3. Caliente las 2 cucharadas restantes de aceite de oliva en una sartén muy grande a fuego medio-alto. Freír la carne de cerdo durante 4 minutos por cada lado hasta que se dore. Transferir las chuletas a un plato. Agregue el vino a la sartén y raspe los trozos dorados. Reduzca los jugos en la sartén durante 1 minuto.

4. Rocíe los jugos de la sartén sobre las chuletas antes de servir.

COSTILLAS AHUMADAS CON MOPA DE MANZANA Y MOSTAZA

SUMERGIRSE:1 hora reposo: 15 minutos ahumado: 4 horas Cocción: 20 minutos Rendimiento: 4 raciones<u>FOTO</u>

RICO SABOR Y TEXTURA CARNOSA.LAS COSTILLAS AHUMADAS PIDEN ALGO FRESCO Y CRUJIENTE. CASI CUALQUIER ENSALADA ES ADECUADA, SOLO ENSALADA CON HINOJO (VER<u>RECETA</u>Y EN LA FOTO<u>AQUÍ</u>), PARTICULARMENTE BUENO.

COSTILLAS
- 8 a 10 piezas de madera de manzano o nogal
- 3 a 3 ½ libras de costillas de cerdo
- ¼ taza de especias ahumadas (ver<u>receta</u>)

ADEREZO
- 1 manzana mediana cocida, pelada, sin corazón y en rodajas finas
- ¼ taza de cebolla picada
- ¼ taza de agua
- ¼ taza de vinagre de sidra de manzana
- 2 cucharadas de mostaza Dijon (ver<u>receta</u>)
- 2 a 3 cucharadas de agua

1. Al menos 1 hora antes de ahumar, remoje las virutas de madera en suficiente agua para cubrirlas. Escurrir antes de usar. Recorte la grasa visible de las costillas. Si es necesario, retire la membrana delgada de la parte posterior de las costillas. Coloque las costillas en una cacerola grande y poco profunda. Espolvorea uniformemente con especias ahumadas; frota tus dedos.

Deje reposar durante 15 minutos a temperatura ambiente.

2. Coloque carbón precalentado, astillas de madera escurridas y una cacerola con agua en el ahumador según las instrucciones del fabricante. Vierta agua en la sartén. Coloque las costillas con el hueso hacia abajo sobre una rejilla sobre un recipiente con agua. (O coloque las costillas en una rejilla; coloque las costillas en una rejilla). Cubra y cocine por 2 horas. Mantenga el ahumador a aproximadamente 225 °F mientras fuma. Agregue más carbón y agua según sea necesario para mantener el calor y la humedad.

3. Mientras tanto, para la salsa mop, combine las rodajas de manzana, la cebolla y ¼ de taza de agua en una cacerola pequeña. Hervirlo; reduce el calor. Tape y cocine, revolviendo ocasionalmente, de 10 a 12 minutos o hasta que las rebanadas de manzana estén muy suaves. Deje que se enfríe un poco; transfiera la preciada manzana y la cebolla a un procesador de alimentos o licuadora. Cubra y procese o mezcle hasta que quede suave. Regrese el puré a la sartén. Añadir el vinagre y la mostaza Dijon. Cocine a fuego medio-bajo durante 5 minutos, revolviendo ocasionalmente. Agregue de 2 a 3 cucharadas de agua (o más, según sea necesario) para que la salsa tenga la consistencia de una vinagreta. Divide la salsa en tercios.

4. Después de 2 horas, cubra generosamente las costillas con un tercio de la salsa. Cubrir y fumar durante otra 1 hora. Pincelar de nuevo con otro tercio de la salsa mop.

Envuelva cada pieza de costillas en papel de aluminio grueso y vuelva a colocarlas en el ahumador, apilándolas si es necesario. Tape y ahume durante 1 a 1½ horas más, o hasta que las costillas estén tiernas. *

5. Desenvuelva las costillas y cúbralas con el tercio restante de la salsa mop. Para servir, corta las costillas entre los huesos.

*Consejo: Para probar la ternura de las costillas, retire con cuidado el papel aluminio de una de las costillas. Levante el panel acanalado con unos alicates, sujetando el panel por el cuarto superior del panel. Voltee la losa de costillas para que el lado de la carne quede hacia abajo. Si las costillas están blandas, la tabla debería comenzar a desmoronarse cuando la levantes. Si no están blandas, envuélvalas de nuevo en papel aluminio y continúe ahumando las costillas hasta que estén blandas.

COSTILLAS DE CERDO A LA PLANCHA CON ENSALADA DE PIÑA FRESCA

TAREAS DEL HOGAR: Hervir 20 minutos: Hornear 8 minutos: 1 hora 15 minutos Rinde: 4 porciones

LAS COSTILLAS DE CERDO DE CAMPO SON CARNOSAS, SON BARATOS Y SI SE MANEJAN DE LA MANERA CORRECTA, COMO COCINAR A FUEGO LENTO Y HERVIR A FUEGO LENTO EN ABUNDANTE SALSA BARBACOA, SE ABLANDARAN HASTA QUE SE DERRITAN.

- 2 libras de costillas de cerdo estilo campestre deshuesadas
- ¼ cucharadita de pimienta negra
- 1 cucharada de aceite de coco refinado
- ½ taza de jugo de naranja fresco
- 1½ tazas de salsa BBQ (ver receta)
- 3 tazas de repollo verde rallado y/o repollo rojo
- 1 taza de zanahoria rallada
- 2 tazas de piña finamente picada
- ⅓ taza de vinagreta ligera de cítricos (ver receta)
- salsa barbacoa (ver receta) (Opcional)

1. Precaliente el horno a 350° F. Espolvoree el cerdo con pimienta. En una sartén muy grande, caliente el aceite de coco a fuego medio-alto. Agrega las costillas de cerdo; cocina de 8 a 10 minutos o hasta que se dore y se dore uniformemente. Coloque las costillas en una fuente para hornear rectangular de 3 cuartos.

2. Para la salsa, agregue el jugo de naranja a la sartén y revuelva para raspar los pedacitos dorados. Agregue 1

½ tazas de salsa BBQ. Vierta la salsa sobre las costillas. Voltee las costillas para cubrirlas con la salsa (use una brocha de repostería para cubrir las costillas si es necesario). Cubra bien la sartén con papel de aluminio.

3. Hornea las costillas durante 1 hora. Retire el papel aluminio y cepille las costillas con la salsa de la asadera. Hornea durante 15 minutos más o hasta que las costillas estén tiernas y doradas y la salsa se haya espesado un poco.

4. Mientras tanto, para la ensalada de piña, mezcle el repollo, las zanahorias, la piña y la vinagreta de cítricos brillantes. Cubrir y refrigerar hasta servir.

5. Sirva las costillas con ensalada y posiblemente salsa BBQ.

ESTOFADO DE CERDO PICANTE

TAREAS DEL HOGAR: Tiempo de cocción 20 minutos: 40 minutos Rinde: 6 porciones

SIRVEN GOULASH AL ESTILO HÚNGARO SOBRE UNA CAMA DE REPOLLO CRUJIENTE Y APENAS MARCHITO PARA UNA COMIDA. SI TIENES MANO, MUELE LAS SEMILLAS DE COMINO EN UN PROCESADOR DE ALIMENTOS. SI NO, APLÁSTALOS CON EL LADO ANCHO DE UN CUCHILLO DE CHEF APLICANDO UNA PRESIÓN SUAVE CON EL PUÑO SOBRE EL CUCHILLO.

ESTOFADO HUNGARO
- 1½ libras de carne molida de cerdo
- 2 tazas de pimientos rojos, naranjas y/o amarillos picados
- ¾ taza de cebolla roja finamente picada
- 1 chile rojo fresco pequeño, sin semillas y finamente picado (ver inclinación)
- 4 cucharaditas de especia ahumada (ver receta)
- 1 cucharadita de comino molido
- ¼ de cucharadita de mejorana u orégano molido
- 1 lata de 14 onzas de tomates sin sal y cortados en cubitos, sin escurrir, agregados
- 2 cucharadas de vinagre de vino tinto
- 1 cucharada de cáscara de limón finamente rallada
- ⅓ taza de perejil fresco picado

REPOLLO
- 2 cucharadas de aceite de oliva
- 1 cebolla mediana, en rodajas
- 1 col verde o morada, sin corazón y en rodajas finas

1. Para el guiso, cocine la carne de cerdo molida, los pimientos y las cebollas en una olla grande a fuego medio-alto durante 8 a 10 minutos, o hasta que la carne de cerdo ya no esté rosada y las verduras estén tiernas y crujientes, revolviendo constantemente con una cuchara de madera. desmenuzar la carne. Escurra la grasa. Reduzca el fuego a bajo; agregue el chile rojo, las especias ahumadas, el comino y la mejorana. Tape y cocine por 10 minutos. Agregue los tomates verdes y el vinagre. Hervirlo; reduce el calor. Cocine a fuego lento tapado durante 20 minutos.

2. Mientras tanto, para el repollo, caliente el aceite en una sartén grande a fuego medio. Agregue la cebolla y cocine hasta que se ablande, aproximadamente 2 minutos. Agrega el repollo; revuelve para combinar. Reduzca el fuego a bajo. cocina, revolviendo ocasionalmente, durante unos 8 minutos o hasta que el repollo esté tierno.

3. Para servir, coloque un poco de la mezcla de repollo en un plato. Verter sobre el guiso y espolvorear con ralladura de limón y perejil.

ALBÓNDIGAS DE BUTIFARRA ITALIANA MARINRA CON HINOJO PICADO Y CEBOLLAS SALTEADAS

TAREAS DEL HOGAR: Hornear por 30 minutos: 30 minutos Cocinar: 40 minutos Rinde: 4 a 6 porciones

ESTA RECETA ES UN RARO EJEMPLO.PRODUCTO ENLATADO QUE FUNCIONA TAN BIEN, SI NO MEJOR, QUE LA VERSIÓN FRESCA. A MENOS QUE TENGA TOMATES MUY, MUY MADUROS, NO TENDRÁ UNA CONSISTENCIA TAN BUENA EN SU SALSA CON TOMATES FRESCOS COMO CON TOMATES ENLATADOS. SOLO ASEGÚRATE DE USAR UN PRODUCTO SIN SAL AÑADIDA Y PREFERIBLEMENTE ORGÁNICO.

ALBONDIGAS
- 2 huevos grandes
- ½ taza de harina de almendras
- 8 dientes de ajo picados
- 6 cucharadas de vino blanco seco
- 1 cucharadita de pimentón
- 2 cucharaditas de pimienta negra
- 1 cucharadita de semillas de hinojo, ligeramente trituradas
- 1 cucharadita de orégano seco molido
- 1 cucharadita de tomillo seco, molido
- ¼ a ½ cucharadita de pimienta de cayena
- 1½ libras de carne molida de cerdo

MARINARA
- 2 cucharadas de aceite de oliva

2 latas de 15 onzas de tomates triturados sin sal agregada o una lata de 28 onzas de tomates triturados sin sal agregada

½ taza de albahaca fresca picada

3 cebollas de hinojo medianas, cortadas por la mitad, cortadas y en rodajas finas

1 cebolla dulce grande, cortada por la mitad y en rodajas finas

1. Precaliente el horno a 375° F. Cubra una bandeja para hornear con borde grande con papel pergamino; dejar de lado. En un tazón grande, mezcle los huevos, la harina de almendras, 6 dientes de ajo picados, 3 cucharadas de vino, pimentón, 1 ½ cucharaditas de pimienta negra, semillas de hinojo, orégano, tomillo y cayena. Agrega la carne de cerdo; mezclar bien. Forme la mezcla de carne de cerdo en albóndigas de 1½ pulgadas (debe tener alrededor de 24 albóndigas); colocar en una sola capa en la bandeja para hornear preparada. Hornee durante unos 30 minutos o hasta que estén ligeramente doradas, volteando una vez durante la cocción.

2. Mientras tanto, para la salsa marinara, caliente 1 cucharada de aceite de oliva en un horno holandés de 4 a 6 cuartos. Agrega los 2 dientes de ajo picados restantes; cocina alrededor de 1 minuto o hasta que comiencen a dorarse. Agregue rápidamente las 3 cucharadas restantes de vino, los tomates triturados y la albahaca. Hervirlo; reduce el calor. Cocine a fuego lento sin tapar durante 5 minutos. Mezcle con cuidado las albóndigas cocidas en la salsa marinara. Tape y cocine a fuego lento durante 25 a 30 minutos.

3. Mientras tanto, caliente la cucharada restante de aceite de oliva en una sartén grande a fuego medio. Agregue el hinojo y la cebolla picados. Cocine durante 8 a 10 minutos, o hasta que estén tiernos y ligeramente dorados, revolviendo con frecuencia. Sazone con la ½ cucharadita restante de pimienta negra. Sirva las albóndigas y la salsa marinara sobre hinojo y cebolla salteados.

BARQUITOS DE CALABACIN RELLENOS DE CERDO CON ALBAHACA Y PIÑONES

TAREAS DEL HOGAR:Cocinar por 20 minutos: Hornear por 22 minutos: 20 minutos Rinde: 4 porciones

A LOS NIÑOS LES ENCANTARA ESTE DIVERTIDO PLATO.CALABACINES HUECOS RELLENOS DE CARNE PICADA, TOMATES Y PIMIENTO DULCE. SI QUIERES, AÑADE 3 CUCHARADAS DE PESTO DE ALBAHACA (VER<u>RECETA</u>) EN LUGAR DE ALBAHACA FRESCA, PEREJIL Y PIÑONES.

- 2 calabacines medianos
- 1 cucharada de aceite de oliva virgen extra
- 12 onzas de carne de cerdo molida
- ¾ taza de cebolla picada
- 2 dientes de ajo machacados
- 1 taza de tomates picados
- ⅔ taza de pimiento amarillo o naranja finamente picado
- 1 cucharadita de semillas de hinojo, ligeramente trituradas
- ½ cucharadita de hojuelas de pimiento rojo triturado
- ¼ taza de albahaca fresca picada
- 3 cucharadas de perejil fresco, cortado en tiras
- 2 cucharadas de piñones tostados (ver<u>inclinación</u>) y picado grueso
- 1 cucharadita de cáscara de limón finamente rallada

1. Precaliente el horno a 350° F. Corte los calabacines por la mitad a lo largo y raspe con cuidado el centro, dejando una piel de ¼ de pulgada. Cortar la carne de calabacín en trozos grandes y reservar. Coloque las mitades de

calabacín, con el lado cortado hacia arriba, en una bandeja para hornear forrada con papel para hornear.

2. Para el relleno, caliente el aceite de oliva en una sartén grande a fuego medio-alto. Agrega la carne de cerdo molida; cocine hasta que esté rosado y revuelva con una cuchara de madera para romper la carne. Escurra la grasa. Reduzca el fuego a medio. Agregue el puré de calabacín reservado, la cebolla y el ajo; cocina y revuelve durante unos 8 minutos o hasta que la cebolla se ablande. Agregue los tomates, el pimentón, las semillas de hinojo y el pimiento rojo triturado. Cocine por unos 10 minutos o hasta que los tomates estén suaves y comiencen a desmoronarse. Retire la sartén del fuego. Agregue la albahaca, el perejil, los piñones y la ralladura de limón. Divida el relleno entre las cáscaras de calabacín y haga una pequeña pila. Hornee durante 20 a 25 minutos o hasta que la piel de los calabacines esté crujiente.

TAZONES DE FIDEOS DE CERDO Y CURRY DE PIÑA CON LECHE DE COCO Y HIERBAS

TAREAS DEL HOGAR:Cocinar 30 minutos: Hornear 15 minutos: 40 minutos Rinde: 4 porcionesFOTO

- 1 calabaza espagueti grande
- 2 cucharadas de aceite de coco refinado
- 1 libra de carne de cerdo molida
- 2 cucharadas de cebollín finamente picado
- 2 cucharadas de jugo de limón fresco
- 1 cucharada de jengibre fresco picado
- 6 dientes de ajo picados
- 1 cucharada de limoncillo molido
- 1 cucharada de curry rojo al estilo tailandés sin sal añadida
- 1 taza de pimiento rojo picado
- 1 taza de cebolla picada
- ½ taza de zanahorias en juliana
- 1 baby bok choy, en rodajas (3 tazas)
- 1 taza de champiñones frescos picados
- 1 o 2 chiles de ave tailandeses, en rodajas finas (verinclinación)
- 1 lata de 13.5 onzas de leche de coco regular (como Nature's Way)
- ½ taza de caldo de huesos de pollo (verreceta) o caldo de pollo sin sal añadida
- ¼ taza de jugo de piña fresco
- 3 cucharadas de mantequilla de anacardo sin sal y sin aceite añadido

1 taza de piña fresca, cortada en cubitos
rodajas de limon
Cilantro fresco, menta y/o albahaca tailandesa
Anacardos asados picados

1. Precaliente el horno a 400° F. Cocine los espaguetis en el microondas a temperatura alta durante 3 minutos. Corte con cuidado la calabaza por la mitad a lo largo y raspe las semillas. Cepille los lados cortados de la calabaza con 1 cucharada de aceite de coco. Coloque las mitades de calabaza con el lado cortado hacia abajo en una bandeja para hornear. Hornee durante 40 a 50 minutos o hasta que la calabaza se perfore con un cuchillo. Usando los dientes de un tenedor, raspe la pulpa de las pieles y manténgala caliente hasta que esté lista para servir.

2. Mientras tanto, en un tazón mediano, combine la carne de puerco, la cappesotta, el jugo de lima, el jengibre, el ajo, la hierba de limón y el curry en polvo; mezclar bien. En una sartén muy grande, caliente la cucharada restante de aceite de coco a fuego medio-alto. Agrega la mezcla de cerdo; cocine hasta que esté rosado y revuelva con una cuchara de madera para romper la carne. Agrega los pimientos, las cebollas y las zanahorias; cocina y revuelve durante unos 3 minutos, o hasta que las verduras estén tiernas pero crujientes. Agregue el bok choy, los champiñones, los chiles, la leche de coco, el caldo de huesos de pollo, el jugo de piña y la mantequilla de marañón. Hervirlo; reduce el calor. Agrega la piña; cocine a fuego lento sin tapar hasta que se caliente por completo.

3. Para servir, divida la calabaza espagueti en cuatro tazones para servir. Sirva el cerdo al curry encima de la calabaza. Sirva con rodajas de limón, hierbas y anacardos.

EMPANADAS PICANTES DE CERDO A LA PARRILLA CON ENSALADA PICANTE DE PEPINO

TAREAS DEL HOGAR: Asado 30 minutos: 10 minutos reposo: 10 minutos Rendimiento: 4 raciones

ENSALADA DE PEPINO CRUJIENTE CON SABOR A MENTA FRESCA, ES UN TOPPING REFRESCANTE Y REFRESCANTE PARA HAMBURGUESAS DE CERDO PICANTE.

- ⅓ taza de aceite de oliva
- ¼ taza de menta fresca picada
- 3 cucharadas de vinagre de vino blanco
- 8 dientes de ajo picados
- ¼ cucharadita de pimienta negra
- 2 pepinos medianos, en rodajas muy finas
- 1 cebolla pequeña, en rodajas finas (alrededor de ½ taza)
- 1¼ a 1½ libras de carne de cerdo molida
- ¼ taza de cilantro fresco picado
- 1 a 2 chiles jalapeños o serranos medianos frescos, sin semillas (opcional) y finamente picados (ver inclinación)
- 2 pimientos rojos medianos, sin semillas y cortados en cuartos
- 2 cucharaditas de aceite de oliva

1. En un tazón grande, combine ⅓ de taza de aceite de oliva, menta, vinagre, 2 dientes de ajo picados y pimienta negra. Agregue los pepinos y las cebollas picados. Revuelva hasta que esté bien cubierto. Cubra y enfríe

hasta que esté listo para servir, revolviendo una o dos veces.

2. En un tazón grande, combine la carne de cerdo, el cilantro, el chile y los 6 dientes de ajo picados restantes. Forme cuatro hamburguesas de ¾ de pulgada de grosor. Cubra ligeramente los cuartos de pimiento con 2 cucharaditas de aceite de oliva.

3. Para una parrilla de carbón o parrilla de gas, coloque las hamburguesas y los pimientos en rodajas directamente a fuego medio. Cubra y cocine a la parrilla hasta que un termómetro de lectura instantánea insertado en los lados de las hamburguesas de cerdo registre 160 °F y los cuartos de pimiento estén tiernos y ligeramente carbonizados, volteando las hamburguesas y los cuartos de pimiento a la mitad de la cocción. Espere de 10 a 12 minutos para las empanadas y de 8 a 10 minutos para los pimientos en rodajas.

4. Cuando los cuartos de pimiento estén listos, envuélvelos en un trozo de papel de aluminio para sellarlos por completo. Deje reposar durante unos 10 minutos o hasta que se enfríe lo suficiente como para manejar. Retire con cuidado la piel del pimiento con un cuchillo afilado. Cortar el pimiento a lo largo en cuartos.

5. Para servir, cubra con ensalada de pepino y divida en partes iguales entre cuatro platos grandes para servir. Agregue una hamburguesa de cerdo a cada plato. Coloque las rodajas de pimiento rojo en capas de manera uniforme sobre las hamburguesas.

PIZZA DE MASA DE CALABACÍN CON PESTO DE TOMATES SECOS, PIMIENTO DULCE Y SALCHICHA ITALIANA

TAREAS DEL HOGAR: Hervir por 30 minutos: Hornear por 15 minutos: 30 minutos Rinde: 4 porciones

ES UNA PIZZA DE CUCHILLO Y TENEDOR. ASEGÚRESE DE PRESIONAR LIGERAMENTE LA SALCHICHA Y LOS PIMIENTOS EN LA CORTEZA CUBIERTA CON PESTO PARA QUE LOS INGREDIENTES SE ADHIERAN LO SUFICIENTE PARA CORTAR LA PIZZA A LA PERFECCIÓN.

- 2 cucharadas de aceite de oliva
- 1 cucharada de almendras finamente molidas
- 1 huevo grande, ligeramente batido
- ½ taza de harina de almendras
- 1 cucharada de orégano fresco, cortado en tiras
- ¼ cucharadita de pimienta negra
- 3 dientes de ajo
- 3½ tazas de calabacín rallado (2 medianos)
- salchicha italiana (ver receta, abajo)
- 1 cucharada de aceite de oliva virgen extra
- 1 pimiento dulce (amarillo, rojo o la mitad de cada uno), limpio y cortado en tiras muy finas
- 1 cebolla pequeña, finamente picada
- Pesto de tomates secos (ver receta, abajo)

1. Precaliente el horno a 425° F. Engrase un molde para pizza de 12 pulgadas con 2 cucharadas de aceite de oliva. Espolvorea con almendras molidas; dejar de lado.

2. Para la base, mezcle los huevos, la harina de almendras, el orégano, la pimienta negra y el ajo en un tazón grande. Coloque el calabacín rallado sobre una toalla limpia o un trozo de tela. empacar bien

PIERNA DE CORDERO AHUMADA CON LIMÓN Y CILANTRO CON ESPÁRRAGOS A LA PLANCHA

SUMERGIRSE:30 minutos preparación: 20 minutos asado: 45 minutos reposo: 10 minutos Rinde: 6 a 8 porciones

ESTE PLATO ES SIMPLE PERO ELEGANTE.DOS INGREDIENTES QUE COBRAN VIDA EN PRIMAVERA: CORDERO Y ESPÁRRAGOS. TOSTAR LAS SEMILLAS DE CILANTRO LE DA UN SABOR CÁLIDO, TERROSO Y LIGERAMENTE ÁCIDO.

- 1 taza de astillas de madera de nogal
- 2 cucharadas de semillas de cilantro
- 2 cucharadas de cáscara de limón finamente rallada
- 1½ cucharaditas de pimienta negra
- 2 cucharadas de tomillo fresco, cortado en tiras
- 1 pierna de cordero deshuesada de 2 a 3 libras
- 2 manojos de espárragos frescos
- 1 cucharada de aceite de oliva
- ¼ cucharadita de pimienta negra
- 1 limón cortado en cuartos

1. Al menos 30 minutos antes de fumar, hierva las hojuelas de nogal en un recipiente, sumérjalas en suficiente agua para cubrirlas; dejar de lado. Mientras tanto, en una sartén pequeña a fuego medio, tueste las semillas de cilantro durante unos 2 minutos o hasta que estén fragantes y crujientes, revolviendo con frecuencia. Retire las semillas de la sartén; Frío. Cuando las semillas se hayan enfriado, tritúrelas en un mortero (o coloque las semillas en una tabla de cortar y tritúrelas

con el dorso de una cuchara de madera). En un tazón pequeño, combine las semillas de cilantro trituradas, la ralladura de limón, 1½ cucharaditas de pimienta de Jamaica y el tomillo; dejar de lado.

2. Retire la malla, si la hubiera, del cordero asado. Abra el lado de la grasa de cocción hacia abajo sobre la superficie de trabajo. Espolvorea la mitad de la mezcla de especias sobre la carne; frota tus dedos. Enrolle el asado y átelo con cuatro a seis hilos de cocina 100% algodón. Espolvorea la mezcla de especias restante sobre el exterior del asado y presiona ligeramente para que se adhiera.

3. Para una parrilla de carbón, coloque las brasas a fuego medio alrededor de la bandeja de goteo. Pruébalo a fuego medio en una sartén. Espolvorea las papas fritas escurridas sobre el carbón. Coloque el cordero asado sobre la rejilla en el escurridor. Tape y fume durante 40 a 50 minutos a temperatura media (145 °F). (Para una parrilla de gas, precaliente la parrilla. Reduzca el fuego a medio. Configure la cocción indirecta. Ahume como se indicó anteriormente, excepto que agregue astillas de madera escurridas de acuerdo con las instrucciones del fabricante). Cubra el asado sin apretar con papel aluminio. Dejar reposar 10 minutos antes de cortar.

4. Mientras tanto, corte los extremos leñosos de los espárragos. En un tazón grande, mezcle los espárragos con el aceite de oliva y ¼ de cucharadita de pimienta. Coloque los espárragos en los bordes exteriores de la parrilla, directamente sobre las brasas y

perpendiculares a la rejilla de la parrilla. Tape y cocine a la parrilla durante 5 a 6 minutos hasta que estén crujientes. Exprime rodajas de limón sobre los espárragos.

5. Retire el hilo del cordero asado y corte la carne en rodajas finas. Servimos la carne con espárragos a la plancha.

OLLA DE CORDERO

TAREAS DEL HOGAR:30 minutos tiempo de cocción: 2 horas 40 minutos Rendimiento: 4 porciones

ENTRA EN CALOR CON ESTE DELICIOSO GOULASHEN LAS NOCHES DE OTOÑO O INVIERNO. EL GUISO SE SIRVE SOBRE UN PURÉ ATERCIOPELADO DE APIO Y CHIRIVÍA SAZONADO CON MOSTAZA DE DIJON, CREMA DE ANACARDOS Y CEBOLLINO. NOTA: LA RAÍZ DE APIO A VECES SE LLAMA APIO.

- 10 granos de pimienta negra
- 6 hojas de salvia
- 3 especias enteras
- 2 tiras de 2 pulgadas de cáscara de naranja
- 2 libras de hombro de cordero deshuesado
- 3 cucharadas de aceite de oliva
- 2 cebollas medianas, picadas en trozos grandes
- 1 lata de 14.5 oz de tomates cortados en cubitos sin sal, sin pelar
- 1½ tazas de caldo de hueso de res (ver<u>receta</u>) o caldo de res sin sal añadida
- ¾ taza de vino blanco seco
- 3 dientes de ajo grandes, picados y pelados
- 2 libras de raíz de apio, pelada y cortada en cubos de 1 pulgada
- 6 chirivías medianas, peladas y cortadas en gajos de 1 pulgada (alrededor de 2 libras)
- 2 cucharadas de aceite de oliva
- 2 cucharadas de crema de marañón (ver<u>receta</u>)
- 1 cucharada de mostaza Dijon (ver<u>receta</u>)

¼ taza de cebollín picado

1. Para el bouquet garni, corte finamente un cuadrado de 7 pulgadas. Distribuya las bolitas de pimienta, la salvia, la pimienta de Jamaica y la piel de naranja en el centro del paño de cocina. Levante las esquinas de la gasa y átelas firmemente con hilo de cocina 100% algodón limpio. Dejar de lado.

2. Quite la grasa de la paletilla de cordero; corte el cordero en trozos de 1 pulgada. Caliente 3 cucharadas de aceite de oliva en un horno holandés a fuego medio. Asar el cordero, en tandas si es necesario, en aceite caliente hasta que se dore; Retire de la sartén y mantenga caliente. Agrega la cebolla a la sartén; cocina de 5 a 8 minutos o hasta que estén tiernos y ligeramente dorados. Agregue el bouquet garni, los tomates sin pelar, 1¼ tazas de caldo de hueso de res, el vino y el ajo. Hervirlo; reduce el calor. Cocine a fuego lento tapado durante 2 horas, revolviendo ocasionalmente. Retire y deseche el bouquet garni.

3. Mientras tanto, haga puré el apio y las chirivías en una sartén grande; cubra con agua. Llevar a ebullición a fuego medio-alto; reduzca el fuego a bajo. Tape y cocine durante 30 a 40 minutos, o hasta que las verduras estén tiernas al pincharlas con un tenedor. Descargar; coloque las verduras en un procesador de alimentos. Agregue el ¼ de taza restante de caldo de huesos de res y 2 cucharadas de aceite; Pulse hasta que el puré esté casi suave pero aún tenga algo de textura, deteniéndose una o dos veces para raspar los lados. Pasar el puré a un

bol. Agregue la crema de anacardos, la mostaza y las cebolletas.

4. Para servir, divida el puré en cuatro tazones; Cubra con un plato de cordero tibio.

ESTOFADO DE CORDERO CON FIDEOS DE APIO

TAREAS DEL HOGAR:Hornear en 30 minutos: 1 hora 30 minutos Rinde: 6 porciones

LA RAÍZ DE APIO ADQUIERE UN ASPECTO COMPLETAMENTE DIFERENTE.EN ESTE GOULASH MÁS QUE EN EL CORDERO CALIENTE (VER<u>RECETA</u>). SE UTILIZA UNA CORTADORA DE MANDOLINA PARA HACER TIRAS MUY FINAS DE REGALIZ CON SABOR A NUEZ. LOS "FIDEOS" SE CUECEN EN EL GUISO HASTA QUE ESTEN TIERNOS.

- 2 cucharaditas de especias de limón (ver<u>receta</u>)
- 1½ libras de cordero de color, cortado en cubos de 1 pulgada
- 2 cucharadas de aceite de oliva
- 2 tazas de cebolla picada
- 1 taza de zanahorias picadas
- 1 taza de nabos picados
- 1 cucharada de ajo picado (6 dientes)
- 2 cucharadas de puré de tomate sin sal añadida
- ½ taza de vino tinto seco
- 4 tazas de caldo de hueso de res (ver<u>receta</u>) o caldo de res sin sal añadida
- 1 hoja de laurel
- 2 tazas de cubitos de calabaza moscada de 1 pulgada
- 1 taza de berenjena picada
- 1 libra de raíz de apio pelada
- perejil fresco picado

1. Precaliente el horno a 250° F. Espolvoree el condimento de limón y hierbas uniformemente sobre el cordero.

Mezcle suavemente para cubrir. Caliente un horno holandés de 6 a 8 cuartos a fuego medio-alto. Agregue 1 cucharada de aceite de oliva y la mitad de la holandesa de cordero sazonada al horno. Freír la carne por todos lados en aceite caliente; Coloque la carne dorada en un plato y repita con el resto del cordero y el aceite de oliva. Reduzca el fuego a medio.

2. Agregue la cebolla, la zanahoria y el nabo a la olla. Cocine y revuelva las verduras durante 4 minutos; agregue el ajo y el puré de tomate y cocine por 1 minuto más. Agregue el vino tinto, el caldo de hueso de res, el laurel y la carne reservada y los jugos que se hayan acumulado en la olla. Hervir la mezcla. Cubra y coloque el horno holandés en el horno precalentado. Hornear durante 1 hora. Agregue la calabaza y la berenjena. Regrese al horno y hornee por otros 30 minutos.

3. Mientras el guiso está en el horno, utilice una mandolina para cortar el apio en rodajas muy finas. Cortar las rodajas de apio en tiras de ½ pulgada de ancho. (Debe tener alrededor de 4 tazas). Revuelva las tiras de apio en el estofado. Cocine por unos 10 minutos o hasta que estén tiernos. Antes de servir, retire el goulash y deseche la hoja de laurel. Espolvorea cada porción con perejil picado.

CHULETAS DE CORDERO CON GRANADA PICANTE Y SALSA DE DÁTILES

TAREAS DEL HOGAR:Cocción 10 minutos: Enfriamiento 18 minutos: 10 minutos Rendimiento: 4 porciones

EL TÉRMINO "FRANCÉS" SE REFIERE A LA COSTILLADE LA QUE RETIRAMOS LA GRASA, LA CARNE Y LA FIBRA CON UN CUCHILLO DE COCINA BIEN AFILADO. ES UNA PRESENTACIÓN ATRACTIVA. PREGÚNTALE A TU CARNICERO O HAZLO TÚ MISMO.

CHATNEY
- ½ taza de jugo de granada sin azúcar
- 1 cucharada de jugo de limón fresco
- 1 chalota, pelada y cortada en aros finos
- 1 cucharadita de cáscara de naranja finamente rallada
- ⅓ taza de dátiles Medjool picados
- ¼ de cucharadita de pimiento rojo molido
- ¼ taza de granada *
- 1 cucharada de aceite de oliva
- 1 cucharada de perejil italiano fresco picado (picado)

COSTILLAS DE CORDERO
- 2 cucharadas de aceite de oliva
- 8 costillas de cordero a la francesa

1. Para la salsa picante, combine el jugo de granada, el jugo de limón y la chalota en una cacerola pequeña. Hervirlo; reduce el calor. Cocine a fuego lento sin tapar durante 2 minutos. Añadir la piel de naranja, los dátiles y el

pimiento rojo molido. Deje reposar hasta que se enfríe, unos 10 minutos. Agregue la rosa de granada, 1 cucharada de aceite de oliva y el perejil. Dejar reposar a temperatura ambiente hasta el momento de servir.

2. Para las chuletas, caliente 2 cucharadas de aceite de oliva en una sartén grande a fuego medio. En tandas, agregue las chuletas a la sartén y cocine a fuego lento (145 °F) durante 6 a 8 minutos, volteándolas una vez. Vierta la salsa picante sobre las chuletas superiores.

*Nota: Las granadas frescas y sus semillas están disponibles de octubre a febrero. Si no puede encontrarlos, use semillas secas sin azúcar para agregar crujiente a la salsa picante.

LOMO DE CORDERO AL CHIMICHURRI CON RÁBANO ASADO

TAREAS DEL HOGAR: 30 minutos Marinado: 20 minutos Cocción: 20 minutos Rinde: 4 porciones

EN ARGENTINA, EL CHIMICHURRI ES EL CONDIMENTO MÁS POPULAR.QUE ACOMPAÑA AL FAMOSO BISTEC A LA PARRILLA ESTILO GAUCHO DE ESTE PAÍS. HAY MUCHAS VARIACIONES, PERO UNA SALSA DE HIERBAS ESPESA SE SUELE HACER CON PEREJIL, CILANTRO U ORÉGANO, CHALOTES Y/O AJO, PIMIENTO ROJO TRITURADO, ACEITE DE OLIVA Y VINAGRE DE VINO TINTO. PERFECTO CON BISTEC A LA PARRILLA, PERO IGUALMENTE BRILLANTE CON CORDERO, POLLO Y CHULETAS DE CERDO A LA PLANCHA O ASADAS.

- 8 chuletas de cordero, cortadas en rodajas de 1 cm de grosor
- ½ taza de salsa chimichurri (ver receta)
- 2 cucharadas de aceite de oliva
- 1 cebolla dulce, partida por la mitad y picada
- 1 cucharadita de semillas de comino, trituradas*
- 1 diente de ajo
- 1 cabeza de achicoria, limpia y cortada en tiras finas
- 1 cucharada de vinagre balsámico

1. Coloque las chuletas de cordero en un bol muy grande. Cubra con 2 cucharadas de la salsa chimichurri. Con los dedos, extienda la salsa por toda la superficie de cada chuleta. Deja marinar las chuletas durante 20 minutos a temperatura ambiente.

2. Mientras tanto, para la ensalada de achicoria salteada, caliente 1 cucharada de aceite de oliva en una sartén muy grande. Agrega la cebolla, el comino y el ajo; cocina de 6 a 7 minutos o hasta que la cebolla se ablande, revolviendo con frecuencia. Agrega la achicoria; cocina de 1 a 2 minutos o hasta que la achicoria se ablande un poco. Transfiere la ensalada a un tazón grande. Agregue el vinagre balsámico y mezcle bien para combinar. Cubrir y mantener caliente.

3. Limpiar la sartén. Agregue la cucharada restante de aceite de oliva a la sartén y caliente a fuego medio-alto. Agrega las chuletas de cordero; reduzca el fuego a medio. Cocine durante 9 a 11 minutos o hasta el punto de cocción deseado, volteando las chuletas de vez en cuando con pinzas.

4. Sirve las chuletas con la ensalada y el resto de la salsa chimichurri.

*Nota: Use un machacador de papas para machacar las semillas de comino, o coloque las semillas en una tabla de cortar y tritúrelas con un cuchillo de chef.

CHULETILLAS DE CORDERO MARINADAS EN ANCHOAS Y SALVIA CON REMOLACHA DE ZANAHORIAS Y BONIATO

TAREAS DEL HOGAR: Frío 12 minutos: 1 a 2 horas Parrilla: 6 minutos Rinde: 4 porciones

HAY TRES TIPOS DE CHULETAS DE CORDERO. LAS CHULETAS DE LOMO GRUESAS Y CARNOSAS PARECEN COSTILLAS PEQUEÑAS. LAS CHULETAS DE COSTILLA, LLAMADAS AQUI, SE CREAN CORTANDO ENTRE LOS HUESOS DE LA PIERNA DE CORDERO. SON MUY SUAVES Y TIENEN UN ATRACTIVO HUESO LARGO EN EL COSTADO. A MENUDO SE SIRVEN A LA PARRILLA O A LA PARRILLA. LOS FILETES DE PALETA ECONOMICOS SON LIGERAMENTE MAS GRASOS Y MENOS TIERNOS QUE LOS OTROS DOS TIPOS. LO MEJOR ES ASARLOS Y LUEGO ESTOFARLOS EN VINO, CALDO Y TOMATES O UNA COMBINACION DE LOS ANTERIORES.

- 3 zanahorias medianas, ralladas gruesas
- 2 camotes pequeños, rallados* o rallados gruesos
- ½ taza de Paleo Mayo (ver receta)
- 2 cucharadas de jugo de limón fresco
- 2 cucharaditas de mostaza Dijon (ver receta)
- 2 cucharadas de perejil fresco picado
- ½ cucharadita de pimienta negra
- 8 costillas de cordero, cortadas en rebanadas gruesas de ½ a ¾ de pulgada
- 2 cucharadas de salvia fresca rallada o 2 cucharaditas de salvia seca triturada
- 2 cucharaditas de chiles anchos molidos
- ½ cucharadita de ajo en polvo

1. Para el remoulade, combine las zanahorias y las batatas en un tazón mediano. En un tazón pequeño, combine Paleo Mayo, jugo de limón, mostaza Dijon, perejil y pimienta negra. Vierta sobre las zanahorias y las batatas; ponte un abrigo. Cubra y enfríe durante 1 a 2 horas.

2. Mientras tanto, combine la salvia, los chiles anchos y el ajo en polvo en un tazón pequeño. Frote la mezcla de especias sobre las chuletas de cordero.

3. Para una parrilla de carbón o parrilla de gas, coloque las chuletas de cordero en la parrilla directa a fuego medio. Cubra y cocine a la parrilla de 6 a 8 minutos para que esté medio cocido (145 °F) o de 10 a 12 minutos para que esté medio cocido (150 °F), volteándolo una vez a la mitad de la cocción.

4. Sirva las chuletas de cordero con remoulade.

*Nota: Use una mandolina con un accesorio para juliana para cortar las batatas.

HAMBURGUESAS DE CORDERO RELLENAS DE LA HUERTA CON COULIS DE PIMIENTO ROJO

TAREAS DEL HOGAR:20 minutos reposo: 15 minutos Parrilla: 27 minutos Rendimiento: 4 raciones

EL COULIS NO ES MAS QUE UNA SIMPLE SALSA SUAVE.A BASE DE PURE DE FRUTAS O VERDURAS. LA BRILLANTE Y HERMOSA SALSA DE PIMIENTO ROJO DE ESTAS HAMBURGUESAS DE CORDERO RECIBE UNA DOBLE DOSIS DE HUMO: DE LA PARRILLA Y DE UNA PIZCA DE PIMENTON AHUMADO.

COULIS DE PIMIENTO ROJO
   1 pimiento rojo grande
   1 cucharada de vinagre de vino blanco seco o vino blanco
   1 cucharadita de aceite de oliva
   ½ cucharadita de pimentón ahumado

HAMBURGUESAS
   ¼ taza de tomates secados al sol, cortados en tiras
   ¼ taza de calabacín rallado
   1 cucharada de albahaca fresca picada
   2 cucharaditas de aceite de oliva
   ½ cucharadita de pimienta negra
   1½ libras de cordero molido
   1 clara de huevo, ligeramente batida
   1 cucharada de especias mediterráneas (ver<u>receta</u>)
   1. Para el coulis de pimientos, colocar el pimiento rojo directamente sobre la parrilla a fuego medio. Tape y

cocine a la parrilla durante 15 a 20 minutos o hasta que estén carbonizados y tiernos. Voltee los pimientos cada 5 minutos para que se quemen por ambos lados. Retire de la parrilla e inmediatamente colóquelo en una bolsa de papel o aluminio para sellar completamente los pimientos. Deje reposar durante 15 minutos o hasta que esté lo suficientemente frío como para manipularlo. Retire con cuidado la piel con un cuchillo afilado y deséchelo. Corte el pimiento en cuartos a lo largo y retire los tallos, las semillas y las vísceras. En un procesador de alimentos, combine los pimientos asados, el vino, el aceite de oliva y el pimentón ahumado. Cubra y procese o mezcle hasta que quede suave.

2. Mientras tanto, poner los tomates secos en un bol para el relleno y cubrir con agua hirviendo. Deje reposar 5 minutos; liberar. Seque los tomates y el calabacín rallado con toallas de papel. En un tazón pequeño, combine los tomates, el calabacín, la albahaca, el aceite de oliva y ¼ de cucharadita de pimienta negra; dejar de lado.

3. En un tazón grande, combine el cordero molido, la clara de huevo, el ¼ de cucharadita restante de pimienta negra y el condimento mediterráneo; mezclar bien. Divida la mezcla de carne en ocho porciones iguales y forme una hamburguesa de ¼ de pulgada de grosor con cada una. Vierta el relleno en cuatro empanadas; coloque las hamburguesas restantes encima, presione los bordes para sellar el relleno.

4. Coloca las albóndigas directamente sobre la parrilla a temperatura media. Cubra y cocine a la parrilla de 12 a 14 minutos o hasta que esté cocido (160°F), volteando una vez a la mitad de la cocción.

5. Para servir, colocar las hamburguesas sobre coulis de pimiento rojo.

BROCHETAS DE CORDERO CON DOBLE ORÉGANO Y SALSA TZATZIKA

SUMERGIRSE: 30 minutos preparación: 20 minutos enfriamiento: 30 minutos parrilla: 8 minutos Rendimiento: 4 porciones

ESTAS BROCHETAS DE CORDERO SON BÁSICAMENTELO QUE SE CONOCE COMO KOFTA EN EL MEDITERRÁNEO Y ORIENTE MEDIO: LA CARNE MOLIDA SAZONADA (GENERALMENTE CORDERO O TERNERA) SE FORMA EN BOLAS O ALREDEDOR DE UNA BROCHETA Y LUEGO SE ASA A LA PARRILLA. EL ORÉGANO FRESCO Y SECO LES DA UN GRAN SABOR GRIEGO.

8 brochetas de madera de 10 pulgadas

BROCHETAS DE CORDERO
- 1½ libras de cordero magro molido
- 1 cebolla pequeña, rallada y exprimida
- 1 cucharada de orégano fresco, cortado en tiras
- 2 cucharaditas de orégano triturado seco
- 1 cucharadita de pimienta negra

SALSA TZATZIKI
- 1 taza de Paleo Mayo (ver receta)
- ½ pepino grande, pelado, rebanado y exprimido
- 2 cucharadas de jugo de limón fresco
- 1 diente de ajo

1. Remoje las brochetas durante 30 minutos en suficiente agua para cubrirlas.

2. Para las brochetas de cordero, combine el cordero molido, la cebolla, el orégano fresco y seco y la pimienta en un tazón grande; mezclar bien. Divide la mezcla de cordero en ocho porciones iguales. Da forma a cada sección alrededor de la mitad de la brocheta para formar un tronco de 5 x 1 pulgada. Cubra y enfríe durante al menos 30 minutos.

3. Mientras tanto, para la salsa Tzatziki, combine la mayonesa paleo, los pepinos, el jugo de limón y el ajo en un tazón pequeño. Cubrir y refrigerar hasta servir.

4. Para una parrilla de carbón o parrilla de gas, coloque las brochetas de cordero directamente sobre la parrilla a fuego medio. Cubra y cocine a fuego lento (160 °F) durante aproximadamente 8 minutos, volteando una vez a la mitad de la cocción.

5. Sirva las brochetas de cordero con salsa tzatziki.

POLLO A LA PLANCHA CON AZAFRÁN Y LIMÓN

TAREAS DEL HOGAR:15 minutos enfriamiento: 8 horas horneado: 1 hora 15 minutos reposo: 10 minutos Rinde: 4 porciones

EL AZAFRAN ES PALITOS SECOSTIPOS DE FLORES DE AZAFRAN. ES CARO, PERO UN POCO HACE MUCHO. AGREGA UN SABOR TERROSO DISTINTIVO Y UN HERMOSO TONO AMARILLO A ESTE POLLO A LA PARRILLA DE PIEL CRUJIENTE.

- 1 pollo entero de 4 a 5 libras
- 3 cucharadas de aceite de oliva
- 6 dientes de ajo, machacados y pelados
- 1½ cucharadas de ralladura de limón finamente rallada
- 1 cucharada de tomillo fresco
- 1½ cucharaditas de pimienta negra molida
- ½ cucharadita de hebra de azafrán
- 2 hojas de laurel
- 1 limón cortado en cuartos

1. Retire el cuello y las menudencias del pollo; desechar o guardar para otro uso. Lave la cavidad del cuerpo del pollo; seca con toallas de papel. Retire cualquier exceso de piel o grasa del pollo.

2. Combine el aceite de oliva, el ajo, la ralladura de limón, el tomillo, la pimienta y el azafrán en un procesador de alimentos. Procesar para formar una pasta suave.

3. Use sus dedos para esparcir la pasta en el exterior del pollo y dentro de la cavidad. Transfiere el pollo a un

tazón grande; cubra y refrigere por al menos 8 horas o toda la noche.

4. Precaliente el horno a 425° F. Coloque los cuartos de limón y la hoja de laurel dentro del pollo. Ata las piernas con hilo de cocina 100% algodón. Meta las alas debajo del pollo. Inserte un termómetro para carne en el músculo del muslo sin tocar el hueso. Coloque el pollo sobre una rejilla en una asadera grande.

5. Ase a la parrilla durante 15 minutos. Reduzca la temperatura del horno a 375 ° F. Hornee alrededor de 1 hora más, o hasta que los jugos salgan claros y el termómetro registre 175 ° F. Tienda el pollo en papel de aluminio. Dejar reposar 10 minutos antes de cortar.

POLLO ASADO CON ENSALADA DE JÍCAMA

TAREAS DEL HOGAR:40 minutos asado: 1 hora 5 minutos reposo: 10 minutos rendimiento: 4 porciones

"SPATCHCOCK" ES UN VIEJO TÉRMINO CULINARIOQUE RECIENTEMENTE SE VOLVIÓ A USAR PARA DESCRIBIR EL PROCESO DE DIVIDIR UN AVE PEQUEÑA, COMO UN POLLO O UNA GALLINA DE CORNUALLES, POR LA ESPALDA Y ABRIRLA Y APLANARLA COMO UN LIBRO PARA COCINARLA MÁS RÁPIDA Y UNIFORMEMENTE. ES SIMILAR AL VUELO DE LAS MARIPOSAS, PERO SOLO SE APLICA A LAS AVES DE CORRAL.

POLLO
- 1 chile poblano
- 1 cucharada de chalotes finamente picados
- 3 dientes de ajo
- 1 cucharadita de cáscara de limón finamente rallada
- 1 cucharadita de cáscara de lima finamente rallada
- 1 cucharadita de especia ahumada (ver receta)
- ½ cucharadita de orégano seco molido
- ½ cucharadita de comino molido
- 1 cucharada de aceite de oliva
- 1 pollo entero de 3 a 3½ libras

ENSALADA DE COL
- ½ jícama mediana, pelada y desvenada (alrededor de 3 tazas)
- ½ taza de capestos en rodajas finas (4)
- 1 manzana Granny Smith, pelada, sin corazón y en juliana
- ⅓ taza de cilantro fresco rallado

3 cucharadas de jugo de naranja fresco

3 cucharadas de aceite de oliva

1 cucharadita de especias de limón (ver<u>receta</u>)

1. Para una parrilla de carbón, coloque brasas medianamente calientes en un lado de la parrilla. Coloque un recipiente debajo del lado vacío de la parrilla para recoger el líquido. Coloque el poblano en la rejilla de la parrilla directamente sobre las brasas medianamente calientes. Cubra y cocine a la parrilla por 15 minutos o hasta que el poblano esté carbonizado por todos lados, volteando ocasionalmente. Envuelve inmediatamente el poblano en papel aluminio; dejar reposar por 10 minutos. Abre el papel aluminio y corta el poblano por la mitad a lo largo; quitar los tallos y las semillas (ver<u>inclinación</u>). Con un cuchillo afilado, retire suavemente la piel y deséchela. Pica finamente el poblano. (Para la parrilla de gas, precaliente la parrilla; reduzca el fuego a medio. Configure la cocción indirecta. Ase a la parrilla como se indica arriba, quemador sobre encendido).

2. Para el aderezo, mezcle el poblano, la chalota, el ajo, la ralladura de limón, la ralladura de lima, las especias ahumadas, el orégano y el comino en un tazón pequeño. Agregar el aceite; mezcle bien para formar una pasta.

3. Para rociar el pollo, retire el cuello y las vísceras (guárdelas para otro uso). Coloque el lado de la pechuga de pollo hacia abajo en una tabla de cortar. Con unas tijeras de cocina, haz un corte longitudinal en un lado del lomo, comenzando por el final del cuello. Repita el corte longitudinal en el lado opuesto de la columna

vertebral. Retire y deseche el lomo. Coloque el pollo con la piel hacia arriba. Presione entre las pechugas para romper el esternón de modo que el pollo quede plano.

4. Comenzando en el cuello a un lado del seno, inserte los dedos entre la piel y la carne mientras avanza hacia el muslo. Afloje la piel alrededor del muslo. Repita en el otro lado. Usa tus dedos para esparcir la carne debajo de la piel del pollo.

5. Coloque el lado de la pechuga de pollo hacia abajo en la rejilla sobre la sartén. Peso con dos ladrillos envueltos en papel de aluminio o una sartén grande de hierro fundido. Tape y cocine a la parrilla por 30 minutos. Voltee el hueso de pollo sobre la rejilla y pese nuevamente con los cubos o la sartén. Ase a la parrilla, tapado, unos 30 minutos más o hasta que el pollo esté rosado (175 °F en el muslo). Retire el pollo de la parrilla; dejar reposar por 10 minutos. (Para una parrilla de gas, coloque el pollo en la parrilla lejos del calor. Ase como se indicó anteriormente).

6. Mientras tanto, para la ensalada, combine la jícama, la cebolla verde, la manzana y el cilantro en un tazón grande. En un tazón pequeño, mezcle el jugo de naranja, el aceite y las especias con las hierbas de limón. Vierta sobre la mezcla de jícama y revuelva para cubrir. Sirva el pollo con la ensalada.

CUARTOS DE POLLO A LA PLANCHA CON VODKA, ZANAHORIAS Y SALSA DE TOMATE

TAREAS DEL HOGAR:Cocción 15 minutos: Horneado 15 minutos: 30 minutos Rinde: 4 porciones

EL VODKA SE PUEDE HACER CON UNA VARIEDAD DE INGREDIENTES.VARIOS ALIMENTOS COMO PAPAS, MAÍZ, CENTENO, TRIGO Y CEBADA, INCLUSO UVAS. SI BIEN NO HAY MUCHO VODKA EN ESTA SALSA, SI LA DIVIDE EN CUATRO PORCIONES, BUSQUE VODKA HECHO CON PAPAS O UVAS PARA QUE SEA PALEO-AMIGABLE.

- 3 cucharadas de aceite de oliva
- 4 cuartos traseros de pollo con hueso o trozos de pollo carnosos sin piel
- 1 lata de 28 onzas de tomates ciruela sin sal agregada, escurridos
- ½ taza de cebolla finamente picada
- ½ taza de zanahorias finamente picadas
- 3 dientes de ajo
- 1 cucharadita de especias mediterráneas (ver receta)
- ⅛ cucharadita de pimienta de cayena
- 1 ramita de romero fresco
- 2 cucharadas de vodka
- 1 cucharada de albahaca fresca picada (opcional)

1. Precaliente el horno a 375° F. Caliente 2 cucharadas de aceite en una sartén muy grande a fuego medio-alto. Agrega el pollo; cocine por unos 12 minutos o hasta que se dore y se dore uniformemente. Coloque la bandeja en

el horno caliente. Ase a la parrilla sin tapar durante 20 minutos.

2. Mientras tanto, usa unas tijeras de cocina para cortar los tomates para la salsa. Caliente la cucharada restante de aceite en una sartén mediana a fuego medio. Agrega la cebolla, la zanahoria y el ajo; cocine 3 minutos o hasta que estén tiernos, revolviendo con frecuencia. Agregue los tomates cortados en cubitos, el condimento mediterráneo, la pimienta de cayena y una ramita de romero. Llevar a ebullición a fuego medio-alto; reduce el calor. Cocine a fuego lento sin tapar durante 10 minutos, revolviendo ocasionalmente. Agrega el vodka; cocine 1 minuto más; retire y deseche la ramita de romero.

3. Sirva la salsa sobre el pollo en la sartén. Regrese la sartén al horno. Ase a la parrilla, tapado, unos 10 minutos más, o hasta que el pollo esté tierno y ya no esté rosado (175 °F). Espolvorear con albahaca a gusto.

POULET RÔTI Y PATATAS FRITAS COLINABO

TAREAS DEL HOGAR: Hornear en 40 minutos: 40 minutos
Rinde: 4 porciones

LAS PAPAS CROCANTES DE RUTABAGA SON DELICIOSASSERVIDOS CON POLLO A LA PARRILLA Y ACOMPAÑANDO LOS JUGOS DE COCCIÓN, PERO SON IGUALMENTE DELICIOSOS SOLOS Y SERVIDOS CON SALSA DE TOMATE PALEO (VER RECETA) O SERVIDO AL ESTILO BELGA CON PALEO AIOLI (MAYONESA DE AJO, A SABER RECETA).

- 6 cucharadas de aceite de oliva
- 1 cucharada de especias mediterráneas (ver receta)
- 4 muslos de pollo deshuesados y sin piel (alrededor de 1 ¼ libras en total)
- 4 muslos de pollo sin piel (alrededor de 1 libra en total)
- 1 taza de vino blanco seco
- 1 taza de caldo de huesos de pollo (ver receta) o caldo de pollo sin sal añadida
- 1 cebolla pequeña, en cuartos
- Aceite de oliva
- 1½ a 2 libras de colinabos
- 2 cucharadas de cebollín fresco, cortado en tiras
- pimienta negra

1. Precaliente el horno a 400° F. En un tazón pequeño, combine 1 cucharada de aceite de oliva y el condimento mediterráneo; cubre las piezas de pollo. Caliente 2 cucharadas de aceite en una sartén grande apta para horno. Agrega los trozos de pollo, con la carne hacia abajo. Cocine sin tapar durante unos 5 minutos o hasta

que estén doradas. Retire la sartén del fuego. Voltee las piezas de pollo con el lado dorado hacia arriba. Agregue el vino, el caldo de hueso de pollo y la cebolla.

2. Coloque la bandeja en el horno en la rejilla del medio. Hornee sin tapar durante 10 minutos.

3. Mientras tanto, cubra una bandeja para hornear grande con aceite de oliva para las papas fritas; dejar de lado. Pelar los colinabos. Con un cuchillo afilado, corte los colinabos en rodajas de ½ pulgada. Corta las rebanadas a lo largo en tiras de ½ pulgada. En un tazón grande, mezcle las tiras de rutabaga con las 3 cucharadas de aceite restantes. Coloque las tiras de rutabaga en una sola capa sobre una bandeja para hornear preparada; colocar en el horno en la rejilla superior. Hornee por 15 minutos; Papas fritas. Hornee el pollo durante 10 minutos más o hasta que ya no esté rosado (175 °F). Retire el pollo del horno. Hornee las papas fritas durante 5 a 10 minutos o hasta que estén doradas y suaves.

4. Retire el pollo y la cebolla de la sartén y guarde el jugo. Cubra el pollo y las cebollas para mantener el calor. Hierva los jugos a fuego medio; reduce el calor. Cocine a fuego lento sin tapar durante unos 5 minutos o hasta que los jugos se hayan reducido ligeramente.

5. Para servir, espolvorea las papas fritas con cebollín y sazona con pimienta. Sirva el pollo con los jugos de cocción y los gajos de papa.

COQ AU VIN DE TRES HONGOS CON PURE DE CEBOLLINO

TAREAS DEL HOGAR:15 minutos tiempo de cocción: 1 hora 15 minutos Rinde: 4 a 6 porciones

SI HAY ARENA EN EL RECIPIENTEDESPUÉS DE REMOJAR LOS CHAMPIÑONES SECOS, PROBABLEMENTE HABRÁ ALGUNOS, CUELE EL LÍQUIDO A TRAVÉS DE UNA GASA DE DOBLE GROSOR, QUE SE COLOCA EN UN COLADOR FINO.

- 1 onza de hongos porcini secos o colmenillas
- 1 taza de agua hirviendo
- 2 a 2½ libras de muslos y muslos de pollo sin piel
- pimienta negra
- 2 cucharadas de aceite de oliva
- Cortar por la mitad 2 puerros medianos a lo largo, enjuagar y cortar en rodajas finas
- 2 champiñones portobello, en rodajas
- 8 onzas de hongos ostra frescos, sin tallo y rebanados, o champiñones frescos rebanados
- ¼ taza de puré de tomate sin sal añadida
- 1 cucharadita de mejorana seca triturada
- ½ cucharadita de tomillo seco triturado
- ½ taza de vino tinto seco
- 6 tazas de caldo de huesos de pollo (ver_receta_) o caldo de pollo sin sal añadida
- 2 hojas de laurel
- 2 a 2 ½ libras de colinabos, pelados y rebanados
- 2 cucharadas de cebollín fresco, cortado en tiras
- ½ cucharadita de pimienta negra
- tomillo fresco picado (opcional)

1. Combine los champiñones y el agua hirviendo en un tazón pequeño; dejar reposar por 15 minutos. Retire los champiñones y reserve el líquido del remojo. Picar los champiñones. Ponga los champiñones y el líquido de remojo a un lado.

2. Espolvorea el pollo con pimienta. En una sartén muy grande con una tapa que cierre bien, caliente 1 cucharada de aceite de oliva a fuego medio-alto. Freír los trozos de pollo en dos tandas en aceite caliente durante unos 15 minutos hasta que estén ligeramente dorados, volteándolos una vez. Retire el pollo de la sartén. Agregue los puerros, los champiñones portobello y las ostras. cocina, revolviendo ocasionalmente, de 4 a 5 minutos o hasta que los champiñones estén dorados. Agregue el puré de tomate, la mejorana y el tomillo; cocine y revuelva durante 1 minuto. Agrega el vino; cocine y revuelva durante 1 minuto. Agregue 3 tazas de caldo de hueso de pollo, la hoja de laurel, ½ taza del líquido de remojo de champiñones reservado y champiñones picados rehidratados. Regrese el pollo a la sartén. Hervirlo; reduce el calor. Tape y cocine a fuego lento.

3. Mientras tanto, combine los colinabos y las 3 tazas restantes de caldo en una olla grande. Agregue agua según sea necesario para cubrir los colinabos. Hervirlo; reduce el calor. Cocine, sin tapar, durante 25 a 30 minutos, o hasta que el colinabo esté tierno, revolviendo ocasionalmente. Escurrir los colinabos, reservando el líquido. Regrese los colinabos a la sartén. Agregue la cucharada restante de aceite de oliva, las

cebolletas y ½ cucharadita de pimienta. Con un machacador de papas, triture la mezcla de rutabaga, agregando líquido de cocción según sea necesario para obtener la consistencia deseada.

4. Retire la hoja de laurel de la mezcla de pollo; tirar a la basura Sirva el pollo y la salsa sobre puré de rutabagas. Espolvorea con tomillo fresco si lo deseas.

BARRAS GLASEADAS DE BRANDY DE DURAZNO

TAREAS DEL HOGAR:30 minutos asar a la parrilla: 40 minutos rendimiento: 4 porciones

ESTOS MUSLOS DE POLLO SON PERFECTOSCON ENSALADA CRUJIENTE Y PAPAS FRITAS PICANTES AL HORNO DE PALETA DE CERDO TUNECINA PICANTE (VER<u>RECETA</u>). MOSTRADO AQUÍ CON REPOLLO EN ESCABECHE CRUJIENTE CON RÁBANOS, MANGO Y MENTA (VER<u>RECETA</u>).

GLASEADO DE MELOCOTON Y BRANDY

- 1 cucharada de aceite de oliva
- ½ taza de cebolla picada
- 2 melocotones frescos medianos, partidos por la mitad, sin hueso y en rodajas
- 2 cucharadas de brandy
- 1 taza de salsa BBQ (ver<u>receta</u>)
- 8 muslos de pollo (2 a 2½ libras en total), sin piel si es necesario

1. Para la cobertura, caliente el aceite de oliva en una sartén mediana a fuego medio. Agrega la cebolla; cocine, revolviendo ocasionalmente, durante unos 5 minutos o hasta que estén tiernos. Agrega los duraznos. Tape y cocine, revolviendo ocasionalmente, de 4 a 6 minutos o hasta que los duraznos estén tiernos. Agrega el brandy; cocine sin tapar durante 2 minutos, revolviendo ocasionalmente. Deja que se enfríe un poco. Transfiera la mezcla de durazno a una licuadora o procesador de alimentos. Cubra y mezcle o procese hasta que quede suave. Agregue salsa barbacoa. Cubra y mezcle o

procese hasta que quede suave. Regrese la salsa a la sartén. Cocine a fuego medio-bajo hasta que se caliente por completo. Transfiera ¾ de taza de salsa a un tazón pequeño y cepille sobre el pollo. Mantenga caliente la salsa restante para servir con el pollo a la parrilla.

2. Para una parrilla de carbón, coloque las brasas a fuego medio alrededor de la sartén. Pruébelo a fuego medio sobre una bandeja de goteo. Coloque los muslos de pollo en la parrilla sobre la sartén. Cubra y cocine a la parrilla de 40 a 50 minutos o hasta que el pollo ya no esté rosado (175 °F), volteándolo a la mitad y rociándolo con ¾ de taza de brandy y duraznos durante los últimos 5 minutos. 10 minutos de asado. (Para la parrilla a gas, precaliente la parrilla. Reduzca el fuego a medio. Fije el fuego para cocción indirecta. Agregue los muslos de pollo para dorar del calor. Tape y cocine a la parrilla como se indica).

POLLO ADOBADO A LA CHILENA CON ENSALADA DE MANGO Y SANDIA

TAREAS DEL HOGAR:40 minutos Enfriar/Marinar: 2 a 4 horas Asar a la parrilla: 50 minutos Rinde: 6 a 8 porciones

EL CHILE ANCHO ES UN POBLANO SECO— PIMIENTOS PICANTES DE COLOR VERDE OSCURO Y BRILLANTE CON UN SABOR INTENSAMENTE FRESCO. EL CHILE ANCHO TIENE UN SABOR LIGERAMENTE AFRUTADO CON TOQUES DE CIRUELAS O PASAS Y SOLO UN TOQUE DE AMARGURA. LOS CHILES NUEVOS MEXICANOS PUEDEN SER MODERADAMENTE PICANTES. ESTOS SON CHILES DE COLOR ROJO INTENSO QUE EN ALGUNAS PARTES DEL SUROESTE VEMOS ATADOS Y COLGADOS EN RISTRAS, COLORIDOS ARREGLOS DE CHILES SECOS.

POLLO
  2 chiles secos de Nuevo México
  2 chiles anchos secos
  1 taza de agua hirviendo
  3 cucharadas de aceite de oliva
  1 cebolla dulce grande, pelada y en rodajas gruesas
  4 tomates Roma sin semillas
  1 cucharada de ajo picado (6 dientes)
  2 cucharaditas de comino molido
  1 cucharadita de orégano seco molido
  16 muslos de pollo

ENSALADA
  2 tazas de sandía en rodajas

2 tazas de melaza cortada en cubitos

2 tazas de mango picado

¼ taza de jugo de limón fresco

1 cucharadita de chile en polvo

½ cucharadita de comino molido

¼ taza de cilantro fresco, picado

1. Para el pollo, retire los tallos y las semillas de los chiles Nuevo México y ancho secos. Caliente una sartén grande a fuego medio. Fríe los chiles en la sartén durante 1 a 2 minutos o hasta que estén fragantes y ligeramente tostados. Coloque los chiles asados en un tazón pequeño; agregue agua hirviendo al recipiente. Deje reposar durante al menos 10 minutos o hasta que esté listo para usar.

2. Precaliente la parrilla. Cubra la bandeja para hornear con papel de aluminio; engrase el papel de aluminio con 1 cucharada de aceite de oliva. Disponer las rodajas de cebolla y tomate en la sartén. Ase a unas 4 pulgadas del fuego durante 6 a 8 minutos o hasta que estén tiernos y dorados. Escurrir los pimientos, reservando el agua.

3. Para la marinada, mezcle el chile, la cebolla, los tomates, el ajo, el comino y el orégano en una licuadora o procesador de alimentos. Cubra y mezcle o procese hasta que quede suave, agregando el agua reservada según sea necesario para obtener la consistencia deseada.

4. Coloque el pollo en una bolsa de plástico grande con cierre en un plato poco profundo. Vierta la marinada sobre el pollo en la bolsa y gire la bolsa para cubrirlo

uniformemente. Marinar en el refrigerador de 2 a 4 horas, volteando la bolsa de vez en cuando.

5. Para la ensalada, combine la sandía, la melaza, el mango, el jugo de lima, las 2 cucharadas restantes de aceite de oliva, el chile en polvo, el comino y el cilantro en un tazón muy grande. Revuelva para cubrir. Cubra y enfríe durante 1 a 4 horas.

6. Para una parrilla de carbón, coloque las brasas a fuego medio alrededor de la bandeja de goteo. Pruébalo a fuego medio en una sartén. Escurrir el pollo, reservando la marinada. Coloque el pollo en la parrilla sobre la sartén. Cepille el pollo generosamente con un poco de la marinada reservada (deseche el exceso de marinada). Tape y cocine a la parrilla durante 50 minutos o hasta que el pollo ya no esté rosado (175 °F), volteándolo una vez a la mitad de la cocción. (Para una parrilla de gas, precaliente la parrilla. Reduzca el fuego a medio. Configure la cocción indirecta. Continúe como se indica y coloque el pollo sobre el quemador apagado). Sirva los muslos de pollo con ensalada.

MUSLOS DE POLLO TANDOORI CON RAITA DE PEPINO

TAREAS DEL HOGAR: 20 minutos Marinado: 2 a 24 horas Asado a la parrilla: 25 minutos Rinde: 4 porciones

RAITA ESTÁ HECHO DE ANACARDOS.CREMA, JUGO DE LIMÓN, MENTA, CILANTRO Y PEPINOS. PROPORCIONA UN CONTRAPUNTO REFRESCANTE AL POLLO PICANTE Y PICANTE.

POLLO
- 1 cebolla, cortada en aros finos
- 1 trozo de jengibre fresco de 2 pulgadas, pelado y cortado en cuartos
- 4 dientes de ajo
- 3 cucharadas de aceite de oliva
- 2 cucharadas de jugo de limón fresco
- 1 cucharadita de comino molido
- 1 cucharadita de cúrcuma molida
- ½ cucharadita de pimienta de Jamaica molida
- ½ cucharadita de canela molida
- ½ cucharadita de pimienta negra
- ¼ de cucharadita de pimienta de cayena
- 8 muslos de pollo

RAITO KUMARA
- 1 taza de crema de marañón (ver receta)
- 1 cucharada de jugo de limón fresco
- 1 cucharada de menta fresca picada
- 1 cucharada de cilantro fresco, cortado en tiras
- ½ cucharadita de comino molido

⅛ cucharadita de pimienta negra

1 pepino mediano, pelado, sin semillas y cortado en cubitos (1 taza)

rodajas de limon

1. Combine la cebolla, el jengibre, el ajo, el aceite de oliva, el jugo de limón, el comino, la cúrcuma, la pimienta de Jamaica, la canela, la pimienta negra y la cayena en una licuadora o procesador de alimentos. Cubra y mezcle o procese hasta que quede suave.

2. Perfore cada pierna cuatro o cinco veces con la punta de un cuchillo de cocina. Coloque los muslos en una bolsa de plástico grande con cierre en un tazón grande. Agrega la mezcla de cebolla; gire para marinar en el refrigerador durante 2 a 24 horas, volteando la bolsa de vez en cuando.

3. Precaliente la parrilla. Retire el pollo de la marinada. Limpie el exceso de marinada de los palillos con toallas de papel. Coloque los muslos en la rejilla de una bandeja para hornear sin calentar o en una bandeja para hornear forrada con papel de aluminio. Ase a la parrilla de 6 a 8 pulgadas de la fuente de calor durante 15 minutos. Voltee los palillos; hornee unos 10 minutos o hasta que el pollo ya no esté rosado (175 °F).

4. Para la raita, combine la crema de marañón, el jugo de limón, la menta, el cilantro, el comino y la pimienta negra en un tazón mediano. Agregue suavemente el pepino.

5. Sirve el pollo con raita y gajos de limón.

POLLO AL CURRY GUISADO CON TUBÉRCULOS, ESPÁRRAGOS Y MANZANA VERDE CON MENTA

TAREAS DEL HOGAR:30 minutos cocción: 35 minutos reposo: 5 minutos Rendimiento: 4 raciones

- 2 cucharadas de aceite de coco refinado o aceite de oliva
- 2 libras de pechugas de pollo deshuesadas, sin piel si lo desea
- 1 taza de cebolla picada
- 2 cucharadas de jengibre fresco rallado
- 2 cucharadas de ajo picado
- 2 cucharadas de curry sin sal
- 2 cucharadas de jalapeño molido sin semillas (ver inclinación)
- 4 tazas de caldo de huesos de pollo (ver receta) o caldo de pollo sin sal añadida
- 2 batatas medianas (alrededor de 1 libra), peladas y cortadas en cubitos
- 2 colas medianas (alrededor de 6 onzas), peladas y cortadas en rodajas
- 1 taza de tomates sin hueso y cortados en cubitos
- 8 onzas de espárragos, recortados y cortados en trozos de 1 pulgada
- 1 lata de 13.5 onzas de leche de coco regular (como Nature's Way)
- ½ taza de cilantro fresco, cortado en tiras
- Aderezo de manzana y menta (ver receta, abajo)
- rodajas de limon

1. Caliente el aceite en un horno holandés de 6 cuartos a fuego medio-alto. Freír el pollo en tandas en aceite

caliente hasta que se dore uniformemente, unos 10 minutos. Pasa el pollo a un plato; dejar de lado.

2. Ajuste la temperatura a media. Agregue la cebolla, el jengibre, el ajo, el curry y el jalapeño a la olla. Cocine y revuelva durante 5 minutos o hasta que la cebolla se ablande. Agregue el caldo de huesos de pollo, batatas, nabos y tomates. Regrese los trozos de pollo a la olla y sumerja el pollo en la mayor cantidad de líquido posible. Reduce el calor a medio-bajo. Tape y cocine por 30 minutos o hasta que el pollo esté rosado y las verduras estén tiernas. Agrega los espárragos, la leche de coco y el cilantro. Alejar del calor. Dejar reposar durante 5 minutos. Si es necesario, corte el pollo del hueso y divídalo en partes iguales entre tazones para servir. Sirva con salsa de manzana y menta y rodajas de lima.

Aderezo de manzana: en un procesador de alimentos, muele ½ taza de hojuelas de coco sin azúcar hasta que se conviertan en polvo. Agregue 1 taza de hojas frescas de cilantro y escalde; 1 taza de hojas de menta fresca; 1 manzana Granny Smith, pelada y en rodajas; 2 cucharaditas de jalapeño molido sin semillas (ver<u>inclinación</u>); y 1 cucharada de jugo de limón fresco. Pulse hasta que esté finamente picado.

ENSALADA PAILLARD DE POLLO A LA PLANCHA CON FRAMBUESAS, REMOLACHA Y ALMENDRAS TOSTADAS

TAREAS DEL HOGAR: 30 minutos Hornear: 45 minutos Marinar: 15 minutos Asar a la parrilla: 8 minutos Rinde: 4 porciones

- ½ taza de almendras enteras
- 1½ cucharaditas de aceite de oliva
- 1 remolacha mediana
- 1 remolacha dorada mediana
- 2 mitades de pechuga de pollo deshuesadas y sin piel de 6 a 8 onzas
- 2 tazas de frambuesas frescas o congeladas, descongeladas
- 3 cucharadas de vinagre de vino tinto o blanco
- 2 cucharadas de estragón fresco, cortado en tiras
- 1 cucharada de chalota picada
- 1 cucharadita de mostaza Dijon (ver receta)
- ¼ taza de aceite de oliva
- pimienta negra
- 8 tazas de vegetales mixtos

1. Para las almendras, precaliente el horno a 400° F. Extienda las almendras en una bandeja para hornear pequeña y rocíe con ½ cucharadita de aceite de oliva. Hornee durante unos 5 minutos o hasta que esté fragante y dorado. Dejar enfriar. (Las almendras se pueden tostar con 2 días de anticipación y almacenar en un recipiente hermético).

2. Para las remolachas, coloque cada remolacha en un trozo pequeño de papel de aluminio y rocíe con ½ cucharadita de aceite de oliva. Envuelva sin apretar el

papel aluminio alrededor de las remolachas y colóquelas en una bandeja o bandeja para hornear. Hornee en un horno a 400 ° F durante 40 a 50 minutos o hasta que estén tiernos cuando se perfore con un cuchillo. Retire del horno y deje reposar hasta que se enfríe lo suficiente como para usar. Retire la piel con un cuchillo de cocina. Cortar la remolacha en gajos y reservar. (No revuelva las remolachas para evitar que se doren. Puede asar las remolachas con 1 día de anticipación y refrigerarlas. Deje que alcancen la temperatura ambiente antes de servir).

3. Para el pollo, corte cada pechuga de pollo por la mitad de forma horizontal. Coloque cada trozo de pollo entre dos pedazos de envoltura de plástico. Usando un mazo de carne, golpee suavemente hasta que tenga aproximadamente una pulgada de espesor. Coloque el pollo en un recipiente poco profundo y reserve.

4. En un tazón grande, triture ligeramente ¾ de taza de frambuesas con un batidor sobre la vinagreta (reserve las frambuesas restantes para la ensalada). Agregue vinagre, estragón, chalotes y mostaza Dijon; bate para combinar. Agregue ¼ de taza de aceite de oliva en un chorro fino y mezcle bien. Rocíe ½ taza de vinagreta sobre el pollo; voltee el pollo para envolverlo (reserve la vinagreta restante para la ensalada). Deja marinar el pollo durante 15 minutos a temperatura ambiente. Retire el pollo de la marinada y espolvoree con pimienta; desechar la marinada restante en el recipiente.

5. Para una parrilla de carbón o parrilla de gas, coloque el pollo en la parrilla directa a fuego medio. Cubra y cocine a la parrilla durante 8 a 10 minutos, o hasta que el pollo ya no esté rosado, volteándolo una vez a la mitad de la cocción. (También puede asar el pollo en una sartén a la parrilla).

6. En un tazón grande, mezcle la lechuga, las remolachas y la 1¼ taza de frambuesas restantes. Rocíe la vinagreta reservada sobre la ensalada; revuelva suavemente para cubrir. Divide la ensalada en cuatro platos para servir; cubra cada uno con un trozo de pechuga de pollo a la parrilla. Picar las almendras tostadas en trozos grandes y espolvorearlas por encima. Servir inmediatamente.

PECHUGA DE POLLO RELLENA DE BROCOLI CON SALSA DE TOMATE FRESCO Y ENSALADA CESAR

TAREAS DEL HOGAR:40 minutos Tiempo de cocción: 25 minutos Rinde: 6 porciones

- 3 cucharadas de aceite de oliva
- 2 cucharaditas de ajo picado
- ¼ de cucharadita de pimiento rojo molido
- 1 libra de brócoli raaba, recortado y picado
- ½ taza de pasas doradas sin sulfuro
- ½ taza de agua
- 4 mitades de pechuga de pollo deshuesadas y sin piel, de 5 a 6 oz
- 1 taza de cebolla picada
- 3 tazas de tomates picados
- ¼ taza de albahaca fresca picada
- 2 cucharaditas de vinagre de vino tinto
- 3 cucharadas de jugo de limón fresco
- 2 cucharadas de Paleo Mayo (ver receta)
- 2 cucharaditas de mostaza Dijon (ver receta)
- 1 cucharadita de ajo picado
- ½ cucharadita de pimienta negra
- ¼ taza de aceite de oliva
- 10 tazas de lechuga picada

1. Caliente 1 cucharada de aceite de oliva en una sartén grande a fuego medio-alto. Agrega el ajo y el pimiento rojo triturado; cocina y revuelve durante 30 segundos o hasta que esté fragante. Agregue el brócoli picado, las pasas y ½ taza de agua. Tape y cocine por unos 8

minutos o hasta que el brócoli esté tierno. Retire la tapa de la sartén; dejar que el exceso de agua se evapore. Dejar de lado.

2. Para los rollos, corte cada pechuga de pollo por la mitad a lo largo; coloque cada pieza entre dos pedazos de envoltura de plástico. Usando el lado plano de un mazo para carne, machaque el pollo ligeramente hasta que tenga un grosor de aproximadamente ¼ de pulgada. Coloque aproximadamente ¼ de taza de la mezcla de raab de brócoli en uno de los extremos más cortos de cada rollo; enrollar, doblar hacia un lado para encerrar completamente el relleno. (Los rollitos se pueden preparar hasta 1 día antes y refrigerar hasta que estén listos para cocinar).

3. Caliente 1 cucharada de aceite de oliva en una sartén grande a fuego medio-alto. Agregue los rollos con las costuras hacia abajo. Cocine durante unos 8 minutos o hasta que estén doradas por todos lados, volteando dos o tres veces durante la cocción. Transferir los rollos a un plato.

4. Para la salsa, caliente 1 cucharada del aceite de oliva restante en una sartén a fuego medio. Agrega la cebolla; cocina por unos 5 minutos o hasta que esté transparente. Agregue los tomates y la albahaca. Coloque los rollos encima de la salsa en la fuente para hornear. Llevar a ebullición a fuego medio-alto; reduce el calor. Cubra y cocine durante aproximadamente 5 minutos o hasta que los tomates comiencen a

descomponerse pero aún mantengan su forma y los rollos se calienten por completo.

5. Para el aderezo, mezcle el jugo de limón, la mayonesa paleo, la mostaza Dijon, el ajo y la pimienta negra en un tazón pequeño. Rocíe con ¼ de taza de aceite de oliva y bata hasta emulsionar. Mezcle el aderezo con la ensalada picada en un tazón grande. Para servir, divida la lechuga romana en seis platos para servir. Corta los rollitos y colócalos sobre la ensalada; rociar con salsa de tomate.

ENVOLTURAS DE SHAWARMA DE POLLO A LA PARRILLA CON VERDURAS PICANTES Y ADEREZO DE PINO

TAREAS DEL HOGAR:20 minutos Marinar: 30 minutos Asar a la parrilla: 10 minutos Rinde: 8 burritos (4 porciones)

- 1½ libras de pechugas de pollo deshuesadas y sin piel, cortadas en trozos de 2 pulgadas
- 5 cucharadas de aceite de oliva
- 2 cucharadas de jugo de limón fresco
- 1¾ cucharaditas de comino molido
- 1 cucharadita de ajo picado
- 1 cucharadita de pimentón
- ½ cucharadita de curry en polvo
- ½ cucharadita de canela molida
- ¼ de cucharadita de pimienta de cayena
- 1 calabacín mediano, cortado por la mitad
- 1 berenjena pequeña, cortada en rodajas de ½ pulgada
- 1 pimiento amarillo grande, cortado a la mitad y sin semillas
- 1 cebolla roja mediana, en cuartos
- 8 tomates cherry
- 8 hojas grandes de lechuga mantecosa
- Aderezo de piñones tostados (ver <u>receta</u>)
- rodajas de limon

1. Para la marinada, mezcle 3 cucharadas de aceite de oliva, jugo de limón, 1 cucharadita de comino, ajo, ½ cucharadita de paprika, curry en polvo, ¼ de cucharadita de canela y pimienta de cayena en un tazón

pequeño. Coloque los trozos de pollo en una bolsa de plástico grande con cierre en un recipiente poco profundo. Vierta la marinada sobre el pollo. Cierra la bolsa; voltea la bolsa sobre el abrigo. Marinar en la nevera durante 30 minutos, volteando la bolsa de vez en cuando.

2. Retire el pollo de la marinada; descartar la marinada. Ensarte el pollo en cuatro brochetas largas.

3. Ponga el calabacín, la berenjena, el pimiento y la cebolla en una bandeja para hornear. Rocíe con 2 cucharadas de aceite de oliva. Espolvorea con los ¾ de cucharadita de comino restantes, la ½ cucharadita restante de pimentón y el ¼ de cucharadita de canela restante; Extienda las verduras ligeramente. Coloque los tomates en dos brochetas.

3. En una parrilla de carbón o de gas, coloque las brochetas de pollo y tomate y las verduras en la parrilla a fuego medio. Cubra y cocine a la parrilla hasta que el pollo ya no esté rosado y las verduras estén ligeramente carbonizadas y crujientes, volteándolas una vez. Espere de 10 a 12 minutos para el pollo, de 8 a 10 minutos para las verduras y de 4 minutos para los tomates.

4. Retire el pollo de las brochetas. Desmenuzar el pollo y cortar el calabacín, la berenjena y el pimiento en trocitos pequeños. Retirar los tomates de las brochetas (no picar). Disponer el pollo y las verduras en un plato. Para servir, coloque un poco del pollo y las verduras sobre una hoja de lechuga; espolvorear con piñones tostados. Servir con rodajas de limón.

PECHUGA DE POLLO ASADA CON CHAMPIÑONES, COLIFLOR CON PURE DE AJO Y ESPARRAGOS ASADOS

DE PRINCIPIO A FIN:Rendimiento 50 minutos: 4 porciones

- 4 mitades de pechuga de pollo sin piel de 10 a 12 onzas
- 3 tazas de champiñones blancos pequeños
- 1 taza de puerros o cebollas amarillas en rodajas finas
- 2 tazas de caldo de huesos de pollo (ver<u>receta</u>) o caldo de pollo sin sal añadida
- 1 taza de vino blanco seco
- 1 manojo grande de tomillo fresco
- pimienta negra
- vinagre de vino blanco (opcional)
- 1 cabeza de coliflor, dividida en floretes
- 12 dientes de ajo pelados
- 2 cucharadas de aceite de oliva
- Pimienta blanca o de cayena
- 1 libra de espárragos, en rodajas
- 2 cucharaditas de aceite de oliva

1. Precaliente el horno a 400° F. Coloque las pechugas de pollo en una fuente para hornear rectangular de 3 cuartos; Cubra con champiñones y puerros. Vierta el caldo de hueso de pollo y el vino sobre el pollo y las verduras. Cubra con tomillo y espolvoree con pimienta negra. Cubre el plato con papel de aluminio.

2. Hornee durante 35 a 40 minutos o hasta que un termómetro de lectura instantánea insertado en el pollo registre 170 ° F. Retire y deseche las ramitas de tomillo.

Si lo desea, sazone el líquido para estofar con una pizca de vinagre antes de servir.

2. Mientras tanto, en una olla grande, cocina la coliflor y el ajo en suficiente agua hirviendo para cubrir, unos 10 minutos o hasta que estén muy suaves. Escurra la coliflor y el ajo, reservando 2 cucharadas del líquido de cocción. Coloque la coliflor y el líquido de cocción reservado en un procesador de alimentos o en un tazón grande para mezclar. Procese hasta que quede suave* o triture con un machacador de papas; agregue 2 cucharadas de aceite de oliva y sazone con pimienta blanca al gusto. Mantener caliente hasta el momento de servir.

3. Coloque los espárragos en una sola capa sobre la bandeja para hornear. Rocíe con 2 cucharaditas de aceite de oliva y revuelva. Espolvorear con pimienta negra. Hornee en un horno a 400 ° F durante aproximadamente 8 minutos o hasta que estén crujientes, revolviendo una vez.

4. Divida el puré de coliflor en seis platos para servir. Cubra con pollo, champiñones y puerros. Vierta un poco de líquido para estofar; servido con espárragos asados.

* Nota: si usa un procesador de alimentos, tenga cuidado de no procesar demasiado o diluirá demasiado la coliflor.

SOPA DE POLLO AL ESTILO TAILANDÉS

TAREAS DEL HOGAR:Congele 30 minutos: Cocine 20 minutos: 50 minutos Rinde: 4 a 6 porciones

EL TAMARINDO ES UNA FRUTA AMARGA Y ALMIZCLADA.SE UTILIZA EN LA COCINA INDIA, TAILANDESA Y MEXICANA. MUCHAS PASTAS DE TAMARINDO PREPARADAS COMERCIALMENTE CONTIENEN AZÚCAR; ASEGÚRESE DE COMPRAR UNO QUE NO LO CONTENGA. LAS HOJAS DE LIMA KAFFIR SE PUEDEN ENCONTRAR FRESCAS, CONGELADAS Y SECAS EN LA MAYORIA DE LOS MERCADOS ASIATICOS. SI NO PUEDE ENCONTRARLOS, REEMPLACE LAS HOJAS EN ESTA RECETA CON 1½ CUCHARADITAS DE RALLADURA DE LIMA FINAMENTE RALLADA.

- 2 tallos de limoncillo, recortados
- 2 cucharadas de aceite de coco sin refinar
- ½ taza de hunáčka en rodajas finas
- 3 dientes de ajo grandes, en rodajas finas
- 8 tazas de caldo de huesos de pollo (ver receta) o caldo de pollo sin sal añadida
- ¼ taza de pasta de tamarindo sin azúcar agregada (como la marca Tamicon)
- 2 cucharadas de hojuelas de nori
- 3 chiles tailandeses frescos, en rodajas finas con las semillas intactas (ver inclinación)
- 3 hojas de lima kaffir
- 1 trozo de jengibre de 3 pulgadas, en rodajas finas
- 4 mitades de pechuga de pollo deshuesadas y sin piel, 6 onzas cada una

1 lata de 14.5 onzas de tomates asados cortados en cubitos sin sal agregada, sin escurrir

6 onzas de espárragos tiernos, recortados y cortados en diagonal en trozos de ½ pulgada

½ taza de hojas de albahaca tailandesa empacadas (ver nota)

1. Con el dorso de un cuchillo y una presión firme, golpea los tallos de limoncillo. Picar finamente los tallos afilados.

2. Caliente el aceite de coco en un horno holandés a fuego medio. Agrega la hierba de limón y las cebolletas; cocine durante 8 a 10 minutos, revolviendo con frecuencia. Agrega el ajo; cocine y revuelva durante 2 a 3 minutos o hasta que esté fragante.

3. Agregue el caldo de huesos de pollo, la pasta de tamarindo, las hojuelas de nori, el chile, las hojas de lima y el jengibre. Hervirlo; reduce el calor. Tape y cocine a fuego lento durante 40 minutos.

4. Mientras tanto, congela el pollo de 20 a 30 minutos o hasta que esté firme. Cortar el pollo en rodajas finas.

5. Cuele la sopa a través de un colador fino en una olla grande y presione hacia abajo con el dorso de una cuchara grande para extraer los sabores. Deseche los sólidos. Cocina la sopa. Agregue el pollo, los tomates sin pelar, los espárragos y la albahaca. Reduzca el calor; cocine a fuego lento sin tapar durante 2 a 3 minutos o hasta que el pollo esté bien cocido. Servir inmediatamente.

POLLO A LA PARRILLA CON LIMÓN Y SALVIA CON ESCAROLA

TAREAS DEL HOGAR:15 minutos horneado: 55 minutos reposo: 5 minutos Rendimiento: 4 porciones

RODAJAS DE LIMÓN Y HOJAS DE SALVIA.COLOCADO DEBAJO DE LA PIEL DEL POLLO, AGREGA SABOR A LA CARNE DURANTE EL HORNEADO Y CREA UN DISEÑO ATRACTIVO DEBAJO DE LA PIEL CROCANTE Y OPACA CUANDO SE SACA DEL HORNO.

- 4 mitades de pechuga de pollo con hueso (sin piel)
- 1 limón, cortado en rodajas muy finas
- 4 hojas grandes de salvia
- 2 cucharaditas de aceite de oliva
- 2 cucharaditas de especias mediterráneas (ver receta)
- ½ cucharadita de pimienta negra
- 2 cucharadas de aceite de oliva virgen extra
- 2 chalotes, en rodajas
- 2 dientes de ajo machacados
- 4 cabezas de escarola cortadas por la mitad a lo largo

1. Precaliente el horno a 400° F. Usando un cuchillo, afloje con cuidado la piel de cada mitad de pechuga y péguela a un lado. Coloque 2 rodajas de limón y 1 hoja de salvia encima de cada carne de pechuga. Tire suavemente de la piel hacia atrás en su lugar y presione suavemente hacia abajo para asegurarla.

2. Coloque el pollo en una fuente para hornear poco profunda. Unte el pollo con 2 cucharaditas de aceite de oliva; espolvorea con especias mediterráneas y ¼ de

cucharadita de pimienta. Ase a la parrilla, sin tapar, durante aproximadamente 55 minutos, o hasta que la piel esté dorada y crujiente, y un termómetro de lectura instantánea insertado en el pollo registre 170 ° F. Deje que el pollo descanse durante 10 minutos antes de servir.

3. Mientras tanto, caliente 2 cucharadas de aceite de oliva en una sartén grande a fuego medio. Agrega los chalotes; cocine por unos 2 minutos o hasta que esté transparente. Espolvorea el ¼ de cucharadita de pimienta restante sobre la escarola. Agregue el ajo a la sartén. Coloque las endibias en la sartén, con el lado cortado hacia abajo. Cocine por unos 5 minutos o hasta que se dore. Voltee con cuidado las endibias; cocina de 2 a 3 minutos más o hasta que estén tiernos. Servir con pollo.

POLLO CON CEBOLLETAS, BERROS Y RÁBANOS

TAREAS DEL HOGAR:Hervir 20 minutos: Hornear 8 minutos: 30 minutos Rinde: 4 porciones

AUNQUE PUEDA PARECER EXTRAÑO COCINAR RÁBANOS,AQUÍ APENAS SE COCINAN, LO JUSTO PARA SUAVIZAR SU PICOR PICANTE Y ABLANDARLAS UN POCO.

- 3 cucharadas de aceite de oliva
- 4 mitades de pechuga de pollo de 10 a 12 onzas (con piel)
- 1 cucharada de especias con limón (ver<u>receta</u>)
- ¾ taza de perejil del norte picado
- 6 rábanos, en rodajas finas
- ¼ cucharadita de pimienta negra
- ½ taza de vermut blanco seco o vino blanco seco
- ⅓ taza de crema de marañón (ver<u>receta</u>)
- 1 manojo de berros, cortar los tallos y picar
- 1 cucharada de eneldo fresco cortado en tiras

1. Precaliente el horno a 350 ° F. Caliente el aceite de oliva en una sartén grande a fuego medio-alto. Seque el pollo con una toalla de papel. Cocine el pollo, con la piel hacia abajo, durante 4 a 5 minutos, o hasta que la piel esté dorada y crujiente. Voltee el pollo; cocina por unos 4 minutos o hasta que se dore. Coloque el pollo con la piel hacia arriba en una fuente para horno poco profunda. Espolvorea el condimento de hierbas de limón sobre el pollo. Hornee durante unos 30 minutos o hasta que un termómetro de lectura instantánea insertado en el pollo registre 170 °F.

2. Mientras tanto, vierta todo menos 1 cucharada de grasa de la sartén; Calentar la sartén de nuevo. Agrega las cebolletas y los rábanos; cocina por unos 3 minutos o hasta que la cebolla se ablande. Espolvorear con pimienta. Agregue el vermut y revuelva para raspar los trozos dorados. Hervirlo; cocina hasta que se reduzca y espese un poco. Agrega la crema de marañón; cocinar. Retire la sartén del fuego; agregue los berros y el eneldo y revuelva suavemente hasta que los berros se marchiten. Agregue los jugos de pollo que se hayan acumulado en la asadera.

3. Divida la mezcla de alcaparras en cuatro platos para servir; Cubra con pollo.

POLLO TIKKA MASALA

TAREAS DEL HOGAR:30 minutos Marinado: 4 a 6 horas Cocción: 15 minutos Asado a la parrilla: 8 minutos Rinde: 4 porciones

LA INSPIRACIÓN PARA ESTO FUE LA COMIDA INDIA MUY POPULAR.QUE PUEDE NO HABERSE ORIGINADO EN LA INDIA EN ABSOLUTO, SINO EN UN RESTAURANTE INDIO EN GRAN BRETAÑA. EL POLLO TIKKA MASALA TRADICIONAL REQUIERE QUE EL POLLO SE MARINE EN YOGUR Y LUEGO SE COCINE EN UNA SALSA DE TOMATE PICANTE CUBIERTA CON CREMA. SIN LÁCTEOS QUE NUBLEN EL SABOR DE LA SALSA, ESTA VERSIÓN TIENE UN SABOR ESPECIALMENTE LIMPIO. EN LUGAR DE ARROZ, SE SIRVE SOBRE FIDEOS CRUJIENTES DE CALABACIN.

- 1½ libras de muslos de pollo deshuesados o sin piel o mitades de pechuga de pollo
- ¾ taza de leche de coco regular (como Nature's Way)
- 6 dientes de ajo picados
- 1 cucharada de jengibre fresco rallado
- 1 cucharadita de cilantro molido
- 1 cucharadita de pimentón
- 1 cucharadita de comino molido
- ¼ de cucharadita de cardamomo molido
- 4 cucharadas de aceite de coco refinado
- 1 taza de zanahorias picadas
- 1 apio en rodajas finas
- ½ taza de cebolla picada
- 2 chiles jalapeños o serranos, sin semillas (opcional) y finamente picados (ver inclinación)

1 lata de 14.5 onzas de tomates asados cortados en cubitos sin sal agregada, sin escurrir

18 onzas de salsa de tomate sin sal

1 cucharadita de garam masala sin sal añadida

3 calabacines medianos

½ cucharadita de pimienta negra

hojas de cilantro fresco

1. Si usa muslos de pollo, corte cada muslo en tres partes. Si usa mitades de pechuga de pollo, corte cada mitad de pechuga en trozos de 2 pulgadas, cortando las partes gruesas por la mitad horizontalmente para hacerlas más delgadas. Coloca el pollo en una bolsa de plástico grande con cierre; dejar de lado. Para la marinada, combine ½ taza de leche de coco, ajo, jengibre, cilantro, paprika, comino y cardamomo en un tazón pequeño. Vierta la marinada sobre el pollo en la bolsa. Sella la bolsa y voltea para cubrir el pollo. Coloca la bolsa en un tazón mediano; marinar en el refrigerador de 4 a 6 horas, volteando la bolsa de vez en cuando.

2. Precaliente la parrilla. Caliente 2 cucharadas de aceite de coco en una sartén grande a fuego medio. Agrega las zanahorias, el apio y la cebolla; cocina, revolviendo ocasionalmente, de 6 a 8 minutos o hasta que las verduras estén tiernas. Agrega los jalapeños; cocina y revuelve durante 1 minuto más. Agregue los tomates sin pelar y la salsa de tomate. Hervirlo; reduce el calor. Cocine a fuego lento sin tapar durante unos 5 minutos o hasta que la salsa se espese un poco.

3. Escurra el pollo y deseche la marinada. Coloque los trozos de pollo en una sola capa en una parrilla sin calentar.

Ase a una distancia de 5 a 6 pulgadas del fuego durante 8 a 10 minutos o hasta que el pollo ya no esté rosado, volteándolo una vez a la mitad de la cocción. Agregue los trozos de pollo cocidos y el ¼ de taza de leche de coco restante a la mezcla de tomate en la sartén. Cocine durante 1 a 2 minutos o hasta que se caliente por completo. Alejar del calor; agregar garam masala.

4. Recorta los extremos de los calabacines. Con un cortador de juliana, corte los calabacines en tiras largas y delgadas. En una sartén muy grande, caliente las 2 cucharadas restantes de aceite de coco a fuego medio-alto. Agregue las tiras de calabacín y la pimienta negra. Cocine y revuelva durante 2 a 3 minutos, o hasta que el calabacín esté tierno pero crujiente.

5. Para servir, divida el calabacín en cuatro platos para servir. Cubra con la mezcla de pollo. Decorar con hojas de cilantro.

MUSLOS DE POLLO RAS EL HANOUT

TAREAS DEL HOGAR: Tiempo de cocción 20 minutos: 40 minutos Rinde: 4 porciones

RAS EL HANOUT ES UN COMPLEJO Y UNA MEZCLA DE EXOTICAS ESPECIAS MARROQUIES. LA FRASE SIGNIFICA "JEFE DE TIENDA" EN ARABE, LO QUE SIGNIFICA QUE ES UNA MEZCLA UNICA DE LAS MEJORES ESPECIAS QUE OFRECE EL VENDEDOR DE ESPECIAS. NO EXISTE UNA RECETA ESTABLECIDA PARA RAS EL HANOUT, PERO A MENUDO CONTIENE UNA MEZCLA DE JENGIBRE, ANIS, CANELA, NUEZ MOSCADA, GRANOS DE PIMIENTA, CLAVO, CARDAMOMO, FLORES SECAS (COMO LAVANDA Y ROSA), MORAS, NUEZ MOSCADA, GALANGA Y CURCUMA. .

- 1 cucharada de comino molido
- 2 cucharaditas de jengibre molido
- 1½ cucharaditas de pimienta negra
- 1½ cucharaditas de canela molida
- 1 cucharadita de cilantro molido
- 1 cucharadita de pimienta de cayena
- 1 cucharadita de pimienta de Jamaica molida
- ½ cucharadita de clavo molido
- ¼ de cucharadita de nuez moscada molida
- 1 cucharadita de hilo de azafrán (opcional)
- 4 cucharadas de aceite de coco sin refinar
- 8 muslos de pollo deshuesados
- 1 paquete de 8 onzas de champiñones frescos, en rodajas
- 1 taza de cebolla picada
- 1 taza de pimiento rojo, amarillo o verde picado (1 grande)

4 tomates Roma, sin hueso, sin hueso y picados

4 dientes de ajo, picados

2 latas de 13.5 onzas de leche de coco pura (como Nature's Way)

3 a 4 cucharadas de jugo de limón fresco

¼ taza de cilantro fresco finamente picado

1. Para el ras el hanout, combine el comino, el jengibre, la pimienta negra, la canela, el cilantro, la cayena, la pimienta de Jamaica, el clavo, la nuez moscada y, opcionalmente, el azafrán en un mortero mediano o en un tazón pequeño. Triturar en un mortero o revolver con una cuchara para mezclar bien. Dejar de lado.

2. Caliente 2 cucharadas de aceite de coco en una sartén muy grande a fuego medio. Espolvorea 1 cucharada de ras el hanout sobre los muslos de pollo. Agrega el pollo a la sartén; cocine de 5 a 6 minutos o hasta que se dore, volteando una vez a la mitad de la cocción. Retire el pollo de la sartén; mantener caliente.

3. En la misma sartén, caliente las 2 cucharadas restantes de aceite de coco a fuego medio. Agregue los champiñones, la cebolla, el pimiento, los tomates y el ajo. Cocine y revuelva durante unos 5 minutos o hasta que las verduras estén tiernas. Agregue leche de coco, jugo de lima y 1 cucharada de ras el hanout. Regrese el pollo a la sartén. Hervirlo; reduce el calor. Cocine a fuego lento, tapado, durante unos 30 minutos o hasta que el pollo esté tierno (175 °F).

4. Sirva el pollo, las verduras y la salsa en tazones. Adorne con cilantro.

Nota: Guarde las sobras de Ras el Hanout en un recipiente tapado hasta por 1 mes.

PIERNAS DE POLLO MARINADAS EN CARAMBOLA SOBRE ESPINACAS AL VAPOR

TAREAS DEL HOGAR:40 minutos Marinado: 4 a 8 horas Cocción: 45 minutos Rendimiento: 4 porciones

SEQUE EL POLLO SI ES NECESARIO.CON UNA TOALLA DE PAPEL DESPUÉS DE RETIRAR DE LA MARINADA ANTES DE FREÍR EN LA SARTÉN. CUALQUIER LIQUIDO QUE QUEDE EN LA CARNE SALPICARA EN EL ACEITE CALIENTE.

- 8 muslos de pollo deshuesados (1½ a 2 libras), sin piel
- ¾ taza de vinagre de sidra de manzana o blanco
- ¾ taza de jugo de naranja fresco
- ½ taza de agua
- ¼ taza de cebolla picada
- ¼ taza de cilantro fresco, picado
- 4 dientes de ajo, picados
- ½ cucharadita de pimienta negra
- 1 cucharada de aceite de oliva
- 1 carambola (carambola), en rodajas
- 1 taza de caldo de huesos de pollo (ver_receta_) o caldo de pollo sin sal añadida
- 2 paquetes de 9 onzas de hojas de espinacas frescas
- hojas de cilantro fresco (opcional)

1. Coloque el pollo en una olla de acero inoxidable o esmalte; dejar de lado. En un tazón mediano, combine el vinagre, el jugo de naranja, el agua, la cebolla, ¼ de taza de cilantro picado, el ajo y la pimienta; verter sobre el

pollo. Cubra y deje marinar en el refrigerador durante 4 a 8 horas.

2. Hierva la mezcla de pollo en una sartén a fuego medio-alto; reduce el calor. Cubra y cocine durante 35 a 40 minutos o hasta que el pollo ya no esté rosado (175 ° F).

3. En una sartén muy grande, caliente el aceite a fuego medio-alto. Usando pinzas, retire el pollo del horno holandés y sacúdalo suavemente para drenar el líquido de cocción; guardar el líquido de cocción. Dorar el pollo por todos lados, volteándolo con frecuencia para que se dore uniformemente.

4. Mientras tanto, cuele el líquido de cocción en la salsa; Regresar al horno holandés. Cocinemos. Cocine por unos 4 minutos para reducir y espesar un poco; agrega la carambola; cocine por otro 1 minuto. Regrese el pollo a la salsa en el horno holandés. Alejar del calor; cubrir para mantenerse caliente.

5. Limpiar la sartén. Vierta el caldo de hueso de pollo en la sartén. Llevar a ebullición a fuego medio-alto; agregar espinacas. Reduzca el calor; cocina, revolviendo, de 1 a 2 minutos, o hasta que la espinaca esté tierna. Con una cuchara ranurada, transfiera las espinacas a un plato para servir. Cubra con pollo y salsa. Espolvorea con hojas de cilantro si lo deseas.

TACOS DE POLLO Y REPOLLO POBLANO CON CHIPOTLE MAYO

TAREAS DEL HOGAR: Hornear durante 25 minutos: 40 minutos
Rinde: 4 porciones

SIRVE ESTOS DESORDENADOS PERO DELICIOSOS TACOSUSE UN TENEDOR PARA ATRAPAR EL RELLENO QUE SE CAE DE LA HOJA DE COL MIENTRAS LA COME.

- 1 cucharada de aceite de oliva
- 2 chiles poblanos, sin semillas (opcional) y molidos (ver inclinación)
- ½ taza de cebolla picada
- 3 dientes de ajo
- 1 cucharada de chile sin sal
- 2 cucharaditas de comino molido
- ½ cucharadita de pimienta negra
- 18 onzas de salsa de tomate sin sal
- ¾ taza de caldo de huesos de pollo (ver receta) o caldo de pollo sin sal añadida
- 1 cucharadita de orégano mexicano seco, triturado
- 1 a 1½ libras de muslos de pollo deshuesados y sin piel
- 10 a 12 hojas de col medianas a grandes
- Chipotle Paleo Mayo (ver receta)

1. Precaliente el horno a 350 °F. Caliente el aceite en una sartén grande para horno a fuego medio-alto. Agrega el chile poblano, la cebolla y el ajo; cocine y revuelva durante 2 minutos. Agrega el chile en polvo, el comino y la pimienta negra; cocine y revuelva durante 1 minuto más (reduzca el fuego si es necesario para evitar que las especias se quemen).

2. Agregue la salsa de tomate, el caldo de pollo y el orégano a la sartén. Cocinemos. Coloque con cuidado los muslos de pollo en la mezcla de tomate. Cubra la sartén con una tapa. Hornee durante unos 40 minutos o hasta que el pollo esté tierno (175 °F), volteándolo a la mitad.

3. Retire el pollo de la sartén; refrescarse un poco. Con dos tenedores, desmenuce el pollo en trozos pequeños. Agregue el pollo picado a la mezcla de tomate en la sartén.

4. Para servir, vierta la mezcla de pollo sobre las hojas de col; Cubra con Chipotle Paleo Mayo.

ESTOFADO DE POLLO CON ZANAHORIAS BABY Y BOK CHOY

TAREAS DEL HOGAR:Cocinar 15 minutos: 24 minutos reposo: 2 minutos Rinde: 4 porciones

BABY BOK CHOY ES MUY TIERNOY PUEDES COCINAR DEMASIADO EN POCO TIEMPO. PARA MANTENERLO CRUJIENTE Y FRESCO Y NO EMPAPADO O EMPAPADO, ASEGÚRESE DE HERVIRLO A FUEGO LENTO EN UNA OLLA CALIENTE TAPADA (FUERA DEL FUEGO) DURANTE NO MÁS DE 2 MINUTOS ANTES DE SERVIR EL GOULASH.

- 2 cucharadas de aceite de oliva
- 1 puerro, en rodajas (parte blanca y verde claro)
- 4 tazas de caldo de huesos de pollo (ver receta) o caldo de pollo sin sal añadida
- 1 taza de vino blanco seco
- 1 cucharada de mostaza Dijon (ver receta)
- ½ cucharadita de pimienta negra
- 1 ramita de tomillo fresco
- 1¼ libras de muslos de pollo deshuesados y sin piel, cortados en trozos de 1 pulgada
- 8 onzas de zanahorias baby con tapas, peladas, cortadas y cortadas por la mitad a lo largo, o 2 zanahorias medianas, cortadas en diagonal
- 2 cucharaditas de ralladura de limón finamente rallada (reserva)
- 1 cucharada de jugo de limón fresco
- 2 cabezas de bok choy bebé
- ½ cucharadita de tomillo fresco, rallado

1. Caliente 1 cucharada de aceite de oliva en una sartén grande a fuego medio. Cocine los puerros en aceite caliente durante 3 a 4 minutos o hasta que estén suaves. Agregue el caldo de huesos de pollo, el vino, la mostaza Dijon, ¼ de cucharadita de pimienta y una ramita de tomillo. Hervirlo; reduce el calor. Cocine durante 10 a 12 minutos o hasta que el líquido se reduzca en aproximadamente un tercio. Deseche la ramita de tomillo.

2. Mientras tanto, caliente la cucharada restante de aceite de oliva en un horno holandés a fuego medio-alto. Espolvorea el pollo con el ¼ de cucharadita de pimienta restante. Cocine en aceite caliente durante unos 3 minutos o hasta que estén dorados, revolviendo ocasionalmente. Escurra la grasa si es necesario. Agregue cuidadosamente el caldo reducido a la olla, raspando cualquier trozo marrón; agrega zanahorias. Hervirlo; reduce el calor. Cocine sin tapar durante 8 a 10 minutos o hasta que las zanahorias estén tiernas. Agregue jugo de limón. Cortar el bok choy por la mitad a lo largo. (Si las cabezas de bok choy son grandes, córtelas en cuartos). Coloque el bok choy encima del pollo en la olla. Cubrir y retirar del fuego; deja reposar por 2 minutos.

3. Sirva el guiso en platos hondos. Espolvorear con cáscara de limón y hojas de tomillo.

POLLO SALTEADO CON ANACARDOS, NARANJA Y PIMIENTO DULCE SOBRE LECHUGA

DE PRINCIPIO A FIN: 45 minutos significa: 4 a 6 comidas

ENCONTRARAS DOS TIPOSACEITE DE COCO EN LOS ESTANTES, REFINADO Y VIRGEN EXTRA O SIN REFINAR. COMO SUGIERE SU NOMBRE, EL ACEITE DE COCO VIRGEN EXTRA PROVIENE DEL PRIMER PRENSADO DE COCOS FRESCOS Y CRUDOS. COCINAR A FUEGO MEDIO O MEDIO-ALTO ES SIEMPRE LA MEJOR OPCIÓN. EL ACEITE DE COCO REFINADO TIENE UN PUNTO DE HUMO MÁS ALTO, ASÍ QUE ÚSALO SOLO PARA COCINAR A FUEGO ALTO.

- 1 cucharada de aceite de coco refinado
- 1½ a 2 libras de muslos de pollo deshuesados y sin piel, cortados en tiras finas del tamaño de un bocado
- 3 pimientos morrones rojos, naranjas y/o amarillos, sin tallo, sin semillas y cortados en tiras finas
- 1 cebolla roja, cortada por la mitad a lo largo y en rodajas finas
- 1 cucharadita de cáscara de naranja finamente rallada (reserva)
- ½ taza de jugo de naranja fresco
- 1 cucharada de jengibre fresco picado
- 3 dientes de ajo
- 1 taza de anacardos crudos sin sal, tostados y picados (ver_inclinación_)
- ½ taza de cebollas verdes picadas (4)
- 8 a 10 hojas de mantequilla o lechuga

1. Caliente el aceite de coco en un wok o sartén grande a fuego alto. Agrega el pollo; cocine y revuelva durante 2 minutos. Agrega el pimiento y la cebolla; cocine y revuelva durante 2 a 3 minutos o hasta que las verduras comiencen a ablandarse. Retire el pollo y las verduras del wok; mantener caliente.

2. Limpie el wok con una toalla de papel. Agregue el jugo de naranja al wok. Cocine por unos 3 minutos o hasta que los jugos hiervan y reduzcan un poco. Agrega el jengibre y el ajo. Cocine y revuelva durante 1 minuto. Regrese la mezcla de pollo y pimienta al wok. Agregue la ralladura de naranja, los anacardos y las cebolletas. Servir frito sobre hojas de lechuga.

POLLO VIETNAMITA CON COCO Y LIMONCILLO

DE PRINCIPIO A FIN: Rendimiento 30 minutos: 4 porciones

ESTE RÁPIDO CURRY DE COCO PUEDE ESTAR EN LA MESA A LOS 30 MINUTOS DE HABERLO PROBADO, LO QUE LO CONVIERTE EN LA COMIDA PERFECTA PARA UNA SEMANA AJETREADA.

- 1 cucharada de aceite de coco sin refinar
- 4 tallos de limoncillo (solo las partes ligeras)
- 1 paquete de 3.2 onzas de champiñones ostra, en rodajas
- 1 cebolla grande, en rodajas finas, cortada por la mitad
- 1 jalapeño fresco, sin semillas y finamente picado (ver inclinación)
- 2 cucharadas de jengibre fresco picado
- 3 dientes de ajo
- 1½ libras de muslos de pollo deshuesados y sin piel, en rodajas finas y cortadas en trozos pequeños
- ½ taza de leche de coco regular (como Nature's Way)
- ½ taza de caldo de huesos de pollo (ver receta) o caldo de pollo sin sal añadida
- 1 cucharada de curry rojo sin sal
- ½ cucharadita de pimienta negra
- ½ taza de hojas de albahaca fresca picada
- 2 cucharadas de jugo de limón fresco
- Coco rallado sin azúcar (opcional)

1. Caliente el aceite de coco en una sartén grande a fuego medio. Agrega la hierba de limón; cocine y revuelva durante 1 minuto. Agrega los champiñones, la cebolla, el jalapeño, el jengibre y el ajo; cocine y revuelva durante

2 minutos o hasta que la cebolla se ablande. Agrega el pollo; cocina durante unos 3 minutos o hasta que el pollo esté bien cocido.

2. En un tazón pequeño, combine la leche de coco, el caldo de huesos de pollo, el curry en polvo y la pimienta negra. Agrega la mezcla de pollo a la sartén; cocine por 1 minuto o hasta que el líquido se espese un poco. Alejar del calor; agregue albahaca fresca y jugo de lima. Si lo desea, espolvoree las porciones con coco.

ENSALADA DE MANZANA Y POLLO A LA PLANCHA

TAREAS DEL HOGAR:30 minutos asar a la parrilla: 12 minutos rendimiento: 4 porciones

SI TE GUSTA UNA MANZANA MÁS DULCEIR CON MIEL CRUJIENTE. SI TE GUSTA LA TARTA DE MANZANA, USA GRANNY SMITH O PRUEBA UNA MEZCLA DE AMBAS VARIEDADES PARA LOGRAR EL EQUILIBRIO.

- 3 manzanas medianas Honeycrisp o Granny Smith
- 4 cucharaditas de aceite de oliva virgen extra
- ½ taza de chalotes finamente picados
- 2 cucharadas de perejil fresco picado
- 1 cucharada de condimento para aves
- 3 a 4 cabezas de escarola, en cuartos
- 1 libra de pechuga de pollo o pavo molida
- ⅓ taza de avellanas tostadas picadas*
- ⅓ taza de vinagreta francesa clásica (ver receta)

1. Corta las manzanas por la mitad y quita el corazón. Pelar y picar finamente 1 manzana. Caliente 1 cucharadita de aceite de oliva en una sartén mediana a fuego medio. Agregue la manzana picada y la chalota; cocine hasta que esté suave. Agregue el perejil y el condimento para aves. Dejar enfriar.

2. Mientras tanto, quite el corazón de las 2 manzanas restantes y córtelas en rodajas. Cepille los lados cortados de las rodajas de manzana y la escarola con el aceite de oliva restante. En un tazón grande, combine el pollo y la mezcla de manzana enfriada. Divida en ocho

partes; forma cada porción en una hamburguesa de 2 pulgadas.

3. Con una parrilla de carbón o parrilla de gas, coloque las hamburguesas de pollo y las rodajas de manzana en la parrilla directa a fuego medio. Cubra y cocine a la parrilla durante 10 minutos, volteando una vez a la mitad de la parrilla. Añadir las endibias, con el lado cortado hacia abajo. Cubra y ase de 2 a 4 minutos o hasta que la escarola esté ligeramente carbonizada, las manzanas estén tiernas y las hamburguesas de pollo estén completamente cocidas (165 °F).

4. Cortar la escarola en trozos grandes. Divida las endibias en cuatro platos para servir. Cubra con hamburguesas de pollo, rodajas de manzana y avellanas. Rocíe con vinagreta francesa clásica.

*Consejo: Para asar las avellanas, precaliente el horno a 350° F. Coloque las nueces en una sola capa en una fuente para hornear poco profunda. Hornee durante 8 a 10 minutos o hasta que estén ligeramente dorados, revolviendo una vez para una cocción uniforme. Enfriar ligeramente las nueces. Coloque las nueces calientes sobre una toalla de cocina limpia; seque con una toalla para eliminar la piel suelta.

www.ingramcontent.com/pod-product-compliance
Lightning Source LLC
Chambersburg PA
CBHW071427080526
44587CB00014B/1763